終於一個人去旅行

儲存好心情，帶自己看看這個世界

山脇璃珂　著
陳孟姝　譯

推薦 1

真好，終於五十幾

作家／王蘭芬

收到大田出版社邀我寫《終於一個人去旅行：儲存好心情，帶自己看看這個世界》推薦文的訊息時，心裡突然一動，哎呀，這不是我自己也正在思考的事情嗎？怎麼這麼巧？於是幾天後讀完內容、目前寫著稿子的我，已經身處北京昌平郊區的一個非常寧靜純樸的村子裡，於美好陽光院落中，一面聽見鳥叫，一面開心地劈里啪啦打字呢。

作者山脇璃珂是日本知名美食家跟料理師，在四十九歲時一次來台灣的團體旅行中突然醒覺自己已在舒適圈待太久而忘記挑戰與冒險的滋味，於是得出重大結論：五十歲之後，好心情比白膚長腿貌美更吸引人，而獲取好心情的方式，除了最重要的健康外，「能夠存下大量心情愉快回憶的就是進行『一個人的旅行』。」而這存款足夠讓自己在六十幾、七十幾時，繼續提取續命。

而且就在五十歲生日當天，她深刻感受到，「啊，初次經歷的事情正在減少，最後的事情增加了。」如果要獨自旅行，可能只剩下十五年的時間，「讓我們恢復一個人的旅行吧！」

說走就走對於山脇璃珂而言不是一股衝動，她仔細規劃行程，例如事先使用 Google 地圖大量記錄想去的地方，從容易的入手；細節與安全也得重視，她會影印所有證件，放在行李箱與背包中，甚至擔心錢包等重要物品丟失，在鞋底藏一張紙鈔以防萬一；行李輕便為要，但記得帶自己當時最喜歡的衣服跟包包，讓心情總是美麗愉快。

書裡很仔細講到她去不同城市旅行的經驗與建議，覺得很有共鳴的是，山脇作家總是衝著好吃的東西而去，像是飛驒高山的法式麵包店藍色列車、甲府的咖啡店 AKITO COFFEE、奈良的甜小紅豆、大阪的「肉吸」（第一次聽到這詞也太有趣）等等。

多次來台灣玩的她，寫到我的地盤永康商圈時，贏得了我深深的敬佩。

不管是江記東門豆花還是利隆餅店牛肉餡餅、蘿蔔絲餅，還有東門赤肉羹，都是在地人熟悉常吃的好店，做功課如此深入，吃得這樣專業，讓我相信她寫到的其他地區一定也是同樣內行。

託《終於一個人去旅行》的福，也在此時此刻開始了我五十歲之後的第一次單獨旅行，自己飛到北京，打算在郊區住一個月，好好散步與寫作，體會到真的像作者說的，「像彎腰時手掌能夠完全貼在地板上的那種爽快成就感」。

書裡有段話看得我會心一笑，她說年過五十為何是最適合一個人旅行的年紀呢？因為這時已經厭倦團體活動，也不嚮往喝個爛醉或暴飲暴食，更不會「輕易墜入愛河」了，所以可以身心寧靜地享受一切。

必須說，真的真的，終於熬到五十幾，我再也不必擔心單獨旅行時遭到什麼浪漫豔遇的突然襲擊了。（年輕時也沒有好嗎？）

王蘭芬

畢業於東吳大學英文系，曾於北京大學中文系當代文學研究所就讀，當過報社記者，主跑影劇和藝文新聞。是一對龍鳳胎的媽，現為專職寫作者。著有小說《圖書館的女孩》《影劇小記者的秘密日記》《旋轉木馬嘩啦啦啦》《夏天與甲蟲的故事》《寂寞殺死一頭恐龍》，《沒有人認識我的同學會：寫給親愛的老王》（大田出版），最新作品《那些學霸教會我的事》。

—推薦2—

每一頁泛著迫不及待的興奮感

作家／彭菊仙

我常常接到外縣市、甚至離島的演講邀約，過去，我有點抗拒這些演講，不僅舟車勞頓，且因往返時間太長而甚覺浪費時間。五十歲之後，我居然特別感謝有台北以外的單位想起我，因為我已經發展出一個人自由自在的「演講＋小旅行」模式。

我懂作者為什麼認為五十歲是一個人旅行最好的年齡，因為孩子已經長大，他們有了自己的世界，必須學習與我們分化，而我們也必須學習再次獨立。重要的是，五十歲，可說是病老前最活躍的階段，體能與腦力還撐得起我們的好奇心，而全新的冒險體驗，又能刺激出新的大腦迴路，這能使我們再次青春、活力無限。

五十歲之後，生命已然進展到自省內觀的新境界，因此，獨自一人卻不孤單，自我陪伴，內心卻豐潤多彩。五十歲，已發展出自己獨特的品味與調性，當然非常需要且適合用自己的步調去旅行，慢慢走、慢慢看、慢慢品味，不必在意任何人的眼光，更不必配合任何人的喜好與腳程。

翻閱這本書，你能感受到每一頁都泛著作者迫不及待分享的興奮感！我特別喜歡她分享關於日本京都、大阪、奈良的私人景點、店家與驚喜美食！都還沒看完這本書，我就已心向遠方啦！

彭菊仙

廣受父母喜愛與信任的親子作家，文風多樣，描繪親子生活時而細膩溫暖，時而幽默風趣，文章常見於網路，著有多本暢銷親子教養書：《家有青少年之爸媽的33個修練》《家有青少年之父母生存手冊》《五十歲後我出去一下》（以上為天下文化出版）、《誰說分數不重要？》《管教的勇氣》（以上為時報出版）等。

—前言—

儲存好心情，開始獨自旅行

當我五十歲的時候，深深地感到這真是好長一段路啊！這是第一次被自己的年齡嚇一跳。

但是，我並不是唯一一個超過五十歲的人。每個人都會變老。從二〇二〇年開始，日本過半數的女性都已經超過五十歲了。

所以，一想起全體女性的一半都在經歷視力模糊、臉上的皺紋在睡覺時變得明顯，肩膀無法抬起，體重持續增加啊之類，就感覺自己找到了同伴。

就我來說，直到四十多歲，幾乎沒有什麼年紀變大的感覺。但是，五十歲起就一點也不好對付了。

首先，光是從嘴巴裡講出來，五十歲跟以前的年紀就大不相同。當我說出來的時候，每次都會感到驚訝，哦，我已經五十歲了……而且——雖然再寫一次也很煩——肉體的變化很大。更年期、（突然增加）明顯的白髮、皺紋，讓人反省年輕時代的斑點、皮膚鬆弛、飲食量相同但體重增加，儘管每個人狀況有所不同，不過外表都會展現出明顯的老化。

喜劇演員野澤直子在她的書中寫道，當她在電視上出現時，在監視器上看到自己的臉「看起來像鯽魚……我以為那裡有鯽魚！」。

我也經常在公車或火車的玻璃窗上看到鯽魚。我的嘴角像鯽魚一樣下垂，甚至更甚。此外，從四十九歲起就有的四十肩（當時我還在四十多歲，整形外科的醫生很關心我）開始，經歷彈弓指、腰痛，總之，就是不斷感到某處疼痛。烹飪工作需要長時間站著，十五小時的連續站立很常見，但是，我發現連續幾天這樣做越來越困難，體力下降感受明顯。

然後，真正困擾我的是由於這些問題無情地湧現，自己開始感到憂鬱。

我意識到，光是老去就讓人感到憂鬱。這種在五十歲過後開始出現的抑鬱狀態被稱為「初老期抑鬱症」。

這……真是情況不妙。

好心情克服萬難

經常在雜誌和書籍的標題中看到「享受老年生活」和「找到老年生活的樂趣」這樣的標題。讓人真實地意識到，隨著年齡的增長，生活可能會變得不那麼快樂。

距離「一點小事也覺得有趣」的青少年時期，早已過去了三十年。原來，隨著年齡的增長，我們更容易變得不快樂。但是，往後應該還有很長的路要走。那麼，應該怎麼辦呢？我思索了很多。

然後，得出了一個大致的結論，那就是要盡可能地**保持快樂**，並且把快樂作為首要任務。

不要讓自己心情不好，或者感到憂鬱。無論是工作還是家務，都應該盡可能避免讓自己感到沮喪。然後，為了能好好邁向六十歲、七十歲，我們應該存下一些讓自己開心的回憶，就像存錢一樣。

看看周圍，就會發現我認為很棒的前輩們，不一定是天生的美人，也不一定看起來很年輕（雖然這也是我羨慕的），但他們一定都是面帶微笑，心情愉快的人。他們既有分寸，又有智慧，也很靈活，看起來很健康、很快樂，不咄咄逼人，也不會強求，臉上總是帶著平和的表情。

到了這個年紀，皮膚白皙和美腿都無法掩飾許多缺點，但我覺得心情愉快可以掩飾種種缺陷。

那麼，什麼能讓我心情愉快呢？首先，最重要的是健康。在這基礎之上，經過各種嘗試，我覺得能夠存下大量心情愉快回憶的就是進行「一個人的旅行」。

「咦？一個人旅行？不會更沮喪嗎？」似乎也會有人這麼問。

不，從五十歲開始的一個人的旅行，就像使用了以前沒有使用過的肌肉，感到有意義的喜悅，就像彎腰時手掌能夠完全貼在地板上那種爽快的成就感。

在日常生活中，當你心情不好，感到沮喪，變得消極的時候，可以取出這些心情愉快的回憶，一想起來就會嘴角上揚，這些只屬於你的經驗會讓人感到充實。不僅可以讓你重新獲得活力，還可以給自己一些小小的自信。

我想把這種一個人旅行的魅力，傳達給你們。

目錄 CONTENTS

Part 3

海外單人旅行

Part 4

我享受旅行快樂的方法

Part 1

五十歲是最適合一個人旅行的年齡

只要鼓起勇氣出發，
通常不使用的迴路就會連接起來，全速運轉。
在這個過程中，不知不覺中變得快樂起來。

我能夠一個人旅行嗎？

開始想嘗試一個人去旅行，是因為發生在去台灣台南團體旅行的途中，被人問了一句話的緣故。

那時我四十九歲，正好是工作繁忙的時期。被一個認識的台南人邀請參加團體旅行，我覺得這是一個好機會，所以沒有做任何準備，甚至沒有看旅遊指南，就跟著參加了。因為人數眾多，我認為不發表意見可能會讓行程更順利，所以在旅行中沒有堅持自己的主張，只是跟著旅行團走。

在某個時候，由於某種原因，我必須一個人回旅館時，同行的人一臉認真地問我：

「你一個人應付得來嗎？」

咦？問我？自己看起來像是不能一個人回到旅館的人嗎？啊？欸？我有點困惑。但是再想想，可能因為我看起來像是一個需要依靠的人，所以他們才會這麼問。

我對他們的善意關心感到驚訝，同時也感到沮喪。「我，一個人應付得來嗎？」我捫心自問，然後向著旅館走去。

回顧起來，像大部分泡沫經濟世代的人一樣，我也喜歡旅行，從學生時代就開始到處去玩。大學畢業後，也開始了所謂的一個人的旅行。從外表來看，泡沫經濟時代的二十幾歲年輕人可能給人的印象是：他們過著無憂無慮的生活，但實際上，他們是廣告台詞中那個「二十四小時都能戰鬥」的一代。他們大多數人都工作到很晚，並且全身心地投入工作中。所以，我和大學時代的朋友很難找到共同的休息時間，結果我也開始了一個人的旅行。我想，那時候年輕，不知道害怕。

然而，到了結婚後，就總是兩個人一起出遊。我們兩人都非常喜歡旅行，和他在一起，可以享受任何事情，無論多麼無聊，都可以找到樂趣（我想這就是結婚的原因）。準備的工作量減半，緊張感也減半，行程變得更加輕鬆。

然後，快到五十歲的時候，突然意識到我已經變成了一個會被人問「你一個人沒問題吧？」的人了。難道我已經不能獨自去旅行了嗎？

再來，一個人的旅行能持續到什麼時候呢？就因為在台南被問的那句話，我開始思考這個問題。

也許，現在就是一個人旅行的最佳年齡！

我打電話給一個從學生時代就是背包客高手，可以自己輕鬆去旅行的朋友，因為我想和她聊聊。即使在年輕的時候，我也無法像她那樣去一趟野性之旅，所以我一直暗地裡尊敬她。

剛好說到小孩從大學畢業的事情。所以我就問她有沒有恢復獨自自由的旅行？她回答說：「我以前常常一個人旅行，但我覺得現在完全做不到了。我本來不想帶孩子去旅行，但現在我覺得如果沒有和孩子在一起，就去不了了。我是不是很糟糕啊？」

「不，一點也不。但我們還能一個人旅行的時間可能只剩下十五年了。讓我們恢復一個人的旅行吧！」不管不顧地我自己就先說了出來。

「也許一個人旅行這件事只能做到六十五歲。」「如果能一個人旅行，我覺得會更有自信。」「能做到，我們能做到。」不知為何我們就互相鼓勵起來，謎一般地決定一起進行一個人的旅行，然後掛斷了電話。

當然，即使我們不能一個人旅行，也沒關係，誰也不會有什麼困擾。但是，如果我們能做到的話，會變得更好？來試試看吧，搞不好會很有趣。最重要的是，我想成為能享受一個人旅行的自己。

不知為何，突然就有了一種強烈的想法，現在就是試試一個人去旅行的時候了。

只因一個人旅行，才能遇到難以忘懷的風景

我很喜歡作家角田光代，經常閱讀她的作品。在她年輕時的旅行散文中，有著關於從曼谷乘坐幾個小時的夜間長途巴士，到達後尋找住宿……或者床上出現巨大的蟑螂等等的描述，讓讀者覺得有趣，但感覺自己無法做到。看到她輕描淡寫地描述一些稍微危險的經歷時，總是忍不住要再讀一遍，並對她那種無所畏懼的背包客精神感到既羨慕又恐懼。我也曾經有過一個人旅行的經驗，但自己是一個非常膽小的人。

首先，我不擅長一個人獨處。一個人去吃飯或者喝酒，我雖然很羨慕，但行動力卻無法跟上。如果一個人的話，寧願回家吃飯、喝酒，我是一個沒有決心、膽小的人。或者說，可能是自我意識過剩。

在東京電視台的熱門劇集《獨活女子的守則》中，主角（由江口德子飾演的三十多歲的女性）總是在經歷各種華麗的一個人的生活體驗後，喃喃自語。

「啊，那個人，怎麼一個人？總擔心別人會覺得我很可憐，但實際上，根本沒人會注意到自己，我就是自我意識過剩。」

就是說啊！但是，從這部劇集鼓勵人們嘗試「獨活」的結構來看，確實，「一個人」有很多障礙。

另一方面，一個人會讓人有種「我自己來也能辦到」的成就感。有種獨自享受幸福的感覺。是的，回想起來，我年輕時的一個人旅行也是如此。

從準備階段開始，就需要不斷做出選擇，感覺到思維正在擴大，使用許多平時沒用到的思考肌肉，雖然很辛苦，但也很愉快。旅行開始之後，將安全感感知器調到最強，把周圍的人都當成小偷般地保持警戒，但是，在旅行過程中得到很多人的幫助，我笑了、感動得哭了。因為沒有人可以交談，所以我仔細觀察所有的事情，也有很多發現。然後，和自己有了很多對話。

例如，在一九八九年的台北。我緊張地到達了目的地，回到旅館的房間，打開電視，看到了「美空雲雀去世」的新聞。我清楚地記得那一刻的驚訝，從電視的形狀到房間的布局。

在紐約時，我拚命地趕去機場登機，然後從抵達中央公園的公車上下來時，我想，終於到了。然後抬頭看了看隆冬中，湛藍深邃的天空。

在曼谷的昭披耶河上，我誤上了一艘滿載僧侶的小船。正當我感到十分焦慮，看到從光禿禿的頭上突然冒出的黎明寺（Wat Arun）時，我笑了。那一瞬間，風的感覺，體感的溫度和聲音等等，就像播放電影一樣，還能清晰地再次回想起來。

雖然沒發生什麼特別的事情，但我印象最深的旅行瞬間，都是一個人旅行時發生的。不對，應該說正因為是一個人，所以印象特別深刻？

最強也是最後的一個人旅行適齡期

帶著那種緊張和喜悅，我小心翼翼地嘗試了二十多年來第一次的一個人旅行後，發現實際上，五十多歲可能是一個人旅行的最好時機。

這可能是最強也是最後的一個人旅行適齡期。

首先，經歷過種種人生甘苦酸甜，自己已經是一個成熟的大人。雖然有點遺憾，但已經不會做出魯莽的行為。能自知分寸，（應該會）適時對自己說「等等」。

很清楚自己有多少錢，可以怎麼花。

如果真的有事，還有足夠的體力可以跑掉。另一方面，能夠很好地掌握自己的體能狀況，不會做出無理的行為。

如果發生了什麼問題，也能判斷接下來該怎麼辦，並且能做好準備以防萬一。

因為已經有了相當多的經驗，所以在旅館或餐廳我不會感到害羞。而且，我很清楚自己不喜歡什麼樣的氛圍，所以可以提前避開。

不會喝得爛醉，也不會暴飲暴食。不會輕易墜入愛河（只有我這樣嗎？），知道什麼是重要的。

而且到了這個年紀，有沒有覺得有點厭倦群體活動？當有點累了，有時候一個人，反而會感到放鬆，安靜下來。一個人去美術館，慢慢讀本書，看場電影，實際上，一個人的時候很享受，有助於心靈平靜。

其實，和朋友一起旅行雖然很有趣，但也相當辛苦。有些人喜歡在平日出遊，有些人則偏好週末，每個人的時間都不同。家庭結構和經濟狀況也各不相同，因此調整旅行的期間、目的地和方式都很困難。即使是選哪家旅館也會遇到困難。不僅是因為大家的喜好不同，價格和地點也都需要考慮，要滿足每個人的希望真的很困難。

那麼，為什麼不嘗試一個人旅行呢？不要錯過最適合一個人旅行的年齡，這將成為你未來人生中的營養——我彷彿是聽到了天籟。

小心翼翼開始首次個人旅行

首先，我開始了提前出發的一個人旅行。

我總是讓身為上班族的先生配合我的旅行計畫，但這次我先一個人出發。一想到接下來他就能會合，我也比較安心。於是決定在暑期長假的旅行期間先練習看看。

我提前三到四天去了曼谷、台北、巴黎、紐約，並一個人度過了這段時間。

我也在國內嘗試過了。回到長崎娘家前或之後，我會在某個地方待一晚。由於我母親的身體狀況不佳，我回娘家的次數比以前多了。在回到東京之前，有一段時間是我一個人獨處，這讓我能夠轉換心情。

自從新冠疫情爆發以來，一個人去了東京近郊和市區。

結果就是，我存了很多「快樂存款」。即使在情緒低落的時候，只要出去一晚，心情就會變得開朗。感覺對家人也變得更加溫柔了。

即使是現在，一個人旅行仍然讓我感到非常緊張，根本完全無法習慣。行李很重，也會迷路，每次都會為了吃飯的地方而煩惱。我有時候會想，還是算了吧。

但是，只要鼓起勇氣出發，通常不使用的迴路就會連接起來，全速運轉。在這個過程中，不知不覺變得快樂起來。那種刺激的緊張感，可能以適當的方式刺激我那鬆弛的感性。

徒步旅程遇見許多的第一次

社會學者上野千鶴子女士曾這樣說過：「會覺得『這種方式變老，真好』的人，一定是充滿「好奇心」的人。這就像是他們生活的能量潛力。對於自己不知道的事物，未知的事物，他們都充滿好奇心。（中略）這樣一來，『變老』這件事也變成了未知的事物。」

（摘自《快樂至上！生活在3.11之後》日本幻冬舍，與湯山玲子女士的對談集）

「變老」這件事也是自己經歷的初次體驗，我們應該帶著好奇心去看待它。我也希望自己能這樣。如果有這種心情，也許我們的心就不會變老。

在我五十歲生日那天，我有些失落地想，啊，初次經歷的事情正在減少，最後的事情增加了。想來，五十歲左右的時候，（至少我覺得）已經經歷了各種事情，無論是旅行、飲食還是穿著，都達到了「愉快舒適圈」的巔峰。這就是安靜變老的腳步聲傳來……不行不行，我要重新想想，怎麼去嘗試新的事物。

試著增加第一次，哇，就會發現還有很多沒試過的事情啊！

我已經習慣了買衣服要試穿，即使不試穿，也大概知道會是什麼樣子。所以我決定給這麼想的自己一個突破，去試穿從來沒有穿過的顏色和形狀的衣服。試吃從來沒有吃過的食物。一旦我嘗試了，就會發現，身邊其實有很多從來沒有嘗試過的，未知的事物。

一個年輕的朋友把一支NATURAGLACE的鮮紅色口紅當作禮物送給我。但我從來不知道這個品牌，也從來沒有塗過鮮紅色的口紅，不過試著塗上它的時候，我覺得並沒有那麼糟糕（相比於我自己）。

除了肝以外，我以為自己不喜歡，從來沒有吃過其他內臟，也就是下水。但是當我聽說它很好吃的時候，試著去品嚐了滋賀的精肉店近江先生賣的下水，發現它的味道驚人的美味。

然後就是，一個人的旅行。

當我再次嘗試時，即使在五十歲的年紀，也能發現許多未知的、出乎意料的「初次」經驗。好奇心像波浪一樣湧來，一次就可集滿一本「初次體驗的印章」！這不是很划算嗎？

從巴黎開始，我的旅行五大規則

其中，這種「初次體驗印章」最多的就是「一個人的巴黎」。

咦，巴黎？一個人？我辦不到吧（汗），對吧。是的，深表贊同。甚至驚訝於自己竟然鼓起了這麼大的勇氣。但是這真的很好。

雖然只有四天三夜，但是我在緊張、興奮和害怕中，發現一個人也可以享受很多樂趣，非常滿足。

在這次一個人去巴黎的旅行中，我悄悄地設定了五個規則。

1. 隨心所欲地漫遊

不是跳躍式的點到點，到我想去的地方或店面，而是享受其間走路的過程。我對食物非常感興趣，食物＝生活，所以我隨心所欲地遊逛，巴黎的生活就展現在眼前。（雖然聽到了另一個自己以諷刺的聲音問，在旅行者四處走動的巴黎市中心，有真正的生活嗎？）

2.盡可能使用公共交通工具

也就是說，我一個人時不坐計程車。如果走路無法到達，就乘坐公車、火車或地鐵。

3.如果累了，就早點休息

我有點節儉傾向，所以即使是走路，也傾向於像收集印章一樣，到處跑點。但是這次的旅行卻不是如此，無論是在咖啡館還是公園，我都會提早休息，連休息也是享受。一個人旅行時，要避免身體太累而生病，不然就太浪費了。

4.謹慎小心，不做無理的冒險

不要勉強去公共交通不便的地方。晚上不要出門。即使到了這個年紀，雖然不再有貞操的危機，但如果被誤認為是有錢人之類的仍舊是相當危險，要多加小心。

5.不要沮喪，不要生氣，要正面接受一切

這是心理層面上的決定，不，應該說這是目標。假設我丟了錢包，我會想，錢包帶走了某種災難，我反而得救了。如果遇到下雨，不會覺得可惜，而是數一數雨天的好處。如

果遇到服務態度不好的店家，我不會生氣，而是玩一個「讓這個人心情變好的遊戲」（我真的經常這麼做，大概五勝五敗）。既然我鼓起勇氣去旅行，當然想盡可能讓旅行變得更有趣，所以我會有意識地保持正向積極的心態。

所以，我一個人在巴黎連續走了四天三夜，每一天都過得百分之一百二十的充實。腎上腺素在體內奔騰，興奮和緊張交替襲來，這種心情的變化非常新鮮，我現在還經常回想起來。

因此，這五條規則成了我一個人旅行的準則。

我很容易感到沮喪，所以「不要沮喪，不要生氣」這一條對我來說最難，但在旅行中，我做得還不錯。

我想，在日常生活中也這樣做吧！但為什麼做不到呢？跟日常正惡戰苦鬥努力著！

如何決定旅行目的地

因為以下的規則，我不再對旅行的目的地感到困惑。

首先，我會從我想去的地方開始，這源於我的好奇心，但不會選擇公共交通不便的目的地或路線。如果是在國內，只要是縣城或人口較多的城市，就可以乘坐公車或火車抵達。對於不租車就很難到達的地方，我會選擇放棄一個人去。

海外的話，除了要確認市區內可以使用公共交通工具移動之外，也要查清楚從機場到市區的路線。台北、香港、巴黎、曼谷、倫敦、米蘭等都是可以用公共交通工具遊覽的城市。我會從這些城市中選擇治安良好，適合一個人漫步的地方。

而且，也許是因為我比較膽小的關係，海外的一個人旅行，我都會選擇跟家人、朋友或工作上去過的城市。這樣會讓我稍微安心一點。

即使是去過的街道，重新一個人造訪，也會發現完全不同的風貌。留下印象的東西也不一樣，有很多第一次的體驗。

比如說，跟家人和朋友去過好幾次的台北，跟他們一起旅行的回憶，都是爆笑的事情、聊天的事情，大家的表情比起吃的東西更重要。而當一個人旅行的時候，回憶的中心是讓我驚嘆的瞬間風景，或是當地人的樣子，以及我看到這些東西時的感受，還有自己緊張得心跳加速的心情。

在鼓起勇氣走進去的店裡吃到的水餃形狀和味道，努力用中文表達美味時的緊張心跳。滿身大汗筋疲力盡地迷路，抬頭看到陡峭的坡道前面鮮豔的九重葛！等等，都像是按下快門一樣清晰地浮現，讓我心頭一熱。

這些變成鮮明回憶的原因，我說過很多次，就是因為「一個人」啊！而且，還有一個原因：隨心所欲地走路。

一個人才能自由漫步

自在地走在街道上，一邊走一邊隨意地逛逛。這不就是一個人旅行時最合適的方式嗎？不用跟別人商量或讓步，就可以決定去哪裡的一個人旅行。沒有「一定要去」的地方，不就是一個人旅行的最大樂趣嗎？

在巴黎，遇到我喜歡的市場，就一直來回走動，直到滿足為止。在京都，我想去的店有兩家在夷川通，我就從東頭走到西頭，一路發現這條街上有很多賣家具和建具①的店，就進去看看，其中一家店現在已經成為我的愛店了。

我想，一個人旅行時，透過步行漫遊會讓感動更加深沉。

---

① 建具：通常指的是用於隔開房子的門窗、襖（fusuma）、障子（shoji）等裝置。這些都是用於裝飾或功能性的固定裝置，如門、窗、櫥櫃等。

收集一個「想去的地方」清單吧

為了走遍這個城市，日常生活中，我會比較勤勞地做一些小小的準備。

比如在美容院讀到的雜誌，或是在社群網路或朋友的推薦中發現感興趣的地方（不管是店鋪、市場或是風景名勝），我馬上就用Google地圖找到並保存下來。

首先，在智慧型手機（以下簡稱手機）的Google地圖的〔搜尋地點〕中，輸入想去的地點名稱，然後搜尋。到了相關的頁面，就點擊〔保存〕的標記。在〔保存到清單〕的畫面中，選擇〔想去的地方（旗幟的標記）〕。我也會保存到自己創建的原創清單中（參見31頁）。

然後，我經常仔細地看看這些地方，想著「喔！我想去這裡」，然後就開始準備旅行計畫。

比如說，決定要去京都的話，就會看看保存在【京都】清單中的地方。有時候，我會把它們寫在筆記本上，篩選一下（因為光是京都，想去的地方就超過一百五十個，汗）。

更棒的是，這樣保存下來的話，Google地圖會告訴我「附近有你保存的地方」。遊逛的途中，打開Google地圖，看看自己的保存清單，就會按照距離我所在位置的遠近顯示出來。就算我忘了，它也會提醒我「知道嗎，附近有你想去的地方喔！」。真是太棒了（雖然有點可怕，但很厲害）。

使用Google地圖
製作想去的地點清單

把想去的地方保存在複數的名單中，就會變得很好搜尋。比如在水戶有家很讚的紅酒吧，就收藏在【水戶】【紅酒吧】的項目名單中；如果是在京都有家一個人也能輕鬆進去的和食店，就在【京都】【和食】【一個人用餐】三個項目中存起來。

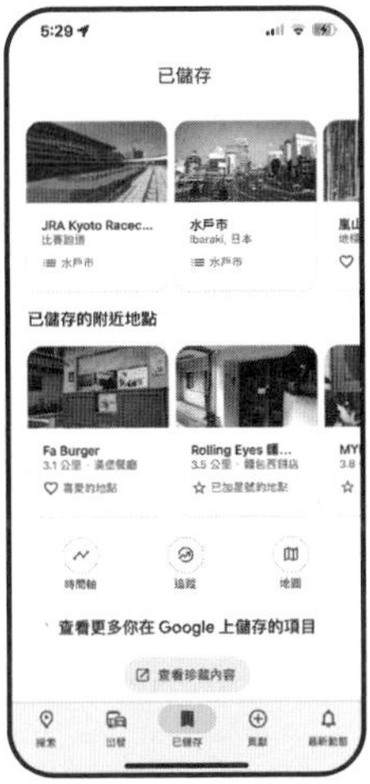

點擊Google Map清單中的已保存清單，就會顯示到目前為止曾經儲存過的店家。

要製作自己獨特的名單，就到「儲存至清單」的畫面上，按下「製作新的清單」，將項目名稱輸入就可以建立了。

錯過觀光景點也無妨，靠走路找到「自己喜歡」的東西

決定要出發的時候，我會選擇一個或兩個，多的話三個必遊場所。自己取了個名字，叫做「想去三點行程」。以此為基礎，大概計畫一下當天要去的區域和路線。

點擊Google Map清單中的已保存清單，就會顯示到目前為止曾經儲存過的店家。

通常我的步驟是這樣的：

①在Google地圖上確認最想去的地方。

②在附近，大約一～二公里的地方，我們會粗略地決定第二個點，再從那裡大約一公里的地方決定第三個點。

③創建一條連接這三個點的路線。

通常會以最想去的地方為起點，再根據心情決定以哪種順序去。一旦開始走路，Google地圖就會通知附近有哪些原本沒有打算去，但是自己很感興趣的店，或者會發現一些意想不到的有趣的地方，然後就會順道去看看，完全自由自在。結果是有時候可能無法

走完這三個點，但那也無所謂。

如果覺得像是沿著主要幹道路線這樣的行程走路可能會很無聊，就會選擇可以看到街道的公車搭乘，一邊欣賞城市風景一邊移動。如果累了就休息，如果行李變多了，就會選擇坐地鐵或計程車回旅館。

即使錯過了觀光地或指南書推薦的地方，我也會優先享受漫步城市的樂趣。就像是意想不到的獎勵一樣，這些初次體驗的感覺，慢慢滲透。

然而，絕不會忽視自己的危險感應。如果感到害怕，就馬上掉頭回轉，或者拔腿就跑，我們要相信膽小的自己。

旅行從打包行李開始

小時候，每當我說出不好的預感或者和自己的願望相反的話，祖母就會說：「別說出來，不然會應驗的！」如果我在運動會前說「可能會下雨」，就真的會下雨；如果說「可能會考試不及格」，就真的會不及格。

這倒也有道理。但是，但是啊，如果是一個人旅行，尤其是去國外，我覺得還是把那些負面的事情，先想一想，做好準備比較好。「可能會丟錢包，或者被偷」「早上跑步的時候可能會摔倒」「可能會拉肚子，或者感冒」「行李可能會搞丟（在機場托運的行李沒有出現）」「可能沒有訂好旅館的房間」「從機場到市區的巴士可能會罷工」，甚至是「如果這架飛機降落在無人島上怎麼辦？（以下是對桐野夏生的小說《東京島》的妄想！）」等等。

向田邦子的散文中，有一篇講到和澤地久枝一起去亞馬遜時在飛機上的故事。澤地小姐突然拿出一枚很大的鑽石戒指，戴在手上。向田問她為什麼這麼做？澤地小姐說：「如果飛機墜落在叢林裡，被某個部落抓住了，我就把這個送給他們，說不定就能脫險。」

雖然我沒有鑽石，但是很能理解她的想法，那種想像力、妄想力，不，那是準備力。

所以，如果是去國外一個人旅行，就會把「那裡可能會發生的危機」盡量想得廣泛一點，有點誇張地想個夠來進行準備。

另一方面，如果是日本國內旅行，就不用那麼誇張地妄想，以輕便為優先。極端來說，只要有錢包和手機，眼鏡或隱形眼鏡，好走路（能跑步）的運動鞋就可以了。

還有，不管是國內還是國外，共通點就是要帶書。我會帶上一本或兩本以旅行地為舞台的書籍。

智慧型手機和通訊方式是生命線

理想情況下，我會希望不帶智慧型手機，自由自在地旅行，不被任何人追趕。但實際上，智慧型手機是一個人旅行的重要夥伴，沒有它就無法旅行。比起打電話，漫遊通訊才是生命線。即使需要花一點費用，也希望能保持「連線的安心」感。

在日本國內，只要像平常一樣帶著智慧型手機就可以了。但是，由於有過電池用完差點哭出來的經驗，所以旅行的時候會帶一個備用的充電器。因此，可以不帶地圖或者沉重的旅遊指南。

如果是去國外，我會在日本的機場租借一個可以在目的地使用的Wi-Fi分享器。如果提前預約的話，可以在機場的櫃檯順利取得。回國後只需要把它放進機場的歸還箱就可以了。順帶一提，提供Wi-Fi租借的地方有時候也會提供語言翻譯機（Poketalk）的租借。但是如果沒有網路連接的話，也是無法使用的。

你也可以選擇將手機合約設定為可以在海外使用（海外漫遊服務）。另外，如果你的手機是SIM卡可抽換，也可以在當地的機場購買SIM卡更換。這樣就可以獲得當地的電話號碼。不過，你平時在日本使用的手機號碼就不能使用了（回到日本後，換回原來的SIM卡就可以再次使用原來的號碼）。

信用卡和現金，製作備用錢包

接下來，是關於錢的問題。在日本國內的話，就是日常生活的延續，沒有什麼特別的事情。不過，我覺得在日本即使是都市裡，也有很多只能使用現金的地方。京都就是一個典型的例子。不管是商店還是神社寺院，很多地方只收現金。

出國的時候，我會做一些小小的準備。

首先，除了現金之外，我會帶上三張信用卡。其中一張要有在當地的ATM直接提取當地貨幣的功能，也就是海外提款的功能。這樣的話，比較安心。是否有這個功能，要跟發卡銀行確認。雖然世界各地都在推行無現金支付，但是現金也是必要的。在疫情平息後去台灣南部（屏東），因為主要是逛市場和個人商店還有拜訪生產者，所以有一半的地方只收現金。

另外，如果是比較長的旅行，我會把卡號寫下來交給家人或者信得過的人保管。當然，自己也會帶一份。這是為了萬一弄丟信用卡時，可以在網上登入我的帳戶，進行停卡。雖然有人會說，只要上網就可以查到，但是我經常忘記密碼，所以還是做一些紙本的備份。

還有，一定要帶兩個錢包，一個是主要，一個是備用。主要的錢包裡放兩張信用卡和現金，備用錢包裡放一張信用卡和少量的現金。這樣的話，即使一個錢包丟了或者被搶走了，也可以繼續旅行。我在義大利時有一次不知不覺就丟了錢包……但是因為有備用錢包，所以只要起遺失的信用卡停卡，就沒有什麼大問題。雖然丟了錢包和現金很可惜，但是想想，那是我給了別人一些厄運，算是幫了我一個忙。

還有，出國的時候，我會在鞋底放一些紙幣，大概二十美元左右。這樣的話，即使發生什麼事情，也可以回到旅館。就算被迫丟掉包包和手機，也可以逃跑。大家可以笑我：怎麼警戒心這麼高！

為了不浪費時間和心情

我會帶三張護照的影印本。護照本身不隨身攜帶，如果房間有保險箱就放在裡面，而影印本則一直帶著。因為有些商店或者購物免稅的手續（退稅）需要護照的影印本。另外一張影本就放在行李箱底部之類的地方。

我也會帶著重新申請護照時用的證件照片。因為國外不像日本，隨處都可以很便宜地拍照，所以如果護照弄丟了，可以不用手忙腳亂地應對。

出國時，帶上飛機的手提行李裡，至少要有一套內衣和牙刷套裝、試用品級別的化妝品、眼鏡或隱形眼鏡，還有可以過一夜的化妝包。這樣即使到達機場後發現自己的行李沒有出現，也可以不帶壓力地過一晚。

之所以制定這些細小因應對策，原因是我「不想浪費時間和心情」。如果事先準備好，不僅可以在危機時救自己一命，而且我相信也可以減少對自己心理的負面影響。這對我來說很重要。我不想心情太過沮喪，也不想因為應對危機而浪費一天的時間。在萬分期待的旅行中，最重要的事情就是不讓時間和心情被奪走。

有些經常旅行的人會笑我，但我覺得沒有必要去「習慣」旅行這件事。

打包行李是選擇的訓練

然後來說說打包行李。首先，來談出國的情況。雖然我說過要為危機做準備，但為了避免危機，保持身輕如燕也很重要。如果有什麼事，可以馬上逃跑。是的，就是要那麼輕便。

重的行李，不管是多喜歡的東西，我認為最後都會讓自己陷入憂鬱。在家裡也是一樣的（汗）。所以我決定，不管住幾晚，都只帶一個行李箱，大小和重量是自己能一個人拎著上樓梯為準。

我喜歡用的是在巴黎的百貨公司找到的軟殼箱，不是什麼特別的牌子。我已經用了七、八年了。大概可以裝下三晚的東西吧。軟殼箱有彈性，可以裝得多一點，而且碰到自己的腳或別人也不會（太）痛。還有，如果在機場被扔來扔去，也不容易壞。

再來說箱子裡的東西。準備海外一個人旅行時，首先從想像自己一個人流落無人島，或者遇到氣溫驟變等情況開始，去妄想各種情況，先做一個很長很長的清單。然後從中選取，減到最少數量，輕便也是追求的目標。

比如，下雨了怎麼辦？帶摺疊傘還是雨衣？我通常會帶一件可以摺疊的雨衣。萬一需要的話，也可以當防寒衣或跑步衣，還可以把洗好的衣服包起來帶回去。能一物多用的東西很方便，而且，雨衣比傘輕。

輕便是攜帶東西的重要原則，放化妝品等物的小袋子也都換成超輕薄的材質。最近有很多薄而堅固的東西，拜其所賜，平時的包包也變輕了。

剛開始為一個人旅行做準備的時候，我會在巴士或火車上寫筆記，列清單，出發前幾天就開始想，需要什麼東西，怎麼樣才能更輕。試了幾次之後，就不用太煩惱，能自己判斷要不要帶了。

收拾行李是一種選擇的訓練。這麼一想，就覺得很有趣。

等到了旅途中，打開行李箱，就會覺得，「啊，原來這些就夠了」。在一個精緻的旅館房間裡，嗯，如果有廚房的話，就可以住下來了，可是我卻有太多的東西……每次都會嘆氣，發誓要斷捨離。但發誓歸發誓，每回都要再來一次。

另一方面，國內旅行的話，也要看住幾晚。但是跟海外打包相反，除了錢包、手機、眼鏡（隱形眼鏡）、運動鞋和書以外，還需要什麼？從最少的東西開始，再加上必要的物件即可。

旅途中要穿什麼？

占行李比例最高的就是衣服了。所以，問題來了。

A　如果沒有要見熟人的話，就算穿運動服或睡衣也沒關係。

B　不管什麼時候，都要盡量打扮得漂漂亮亮的。

你是哪一派？我當然是A派，不過這也沒什麼好炫耀的。一個人旅行，不就是最理想的A派情況嗎？基本上，不會遇到熟人。作為一個天生的A派女人，就算穿著運動服毫不起眼也沒關係吧？

不過，先說結論，我放棄了這個想法。五十歲開始一個人旅行的時候，我有時會帶著要丟掉的衣服或鞋子去旅行，然後就把它們扔了。可是，這樣做的話，感覺就沒有什麼興致，心情上反而更糟糕。

那是發生在一個人去巴黎時的事情。逛了一家賣復古衣服的時尚店。穿著時髦的店家看著我，注意到了我的鞋子。「啊，她剛剛看了我的鞋子？看到了吧？別這樣！這雙鞋子是這次旅行結束後就要丟掉的。想哭～」我心裡辯解著，然後悄悄地從店裡走出來。

在旅途中，突然在街上遇到了十幾年沒見的熟人，我穿著一身土裡土氣的衣服，讓我想起了松任谷由實的〈DESTINY〉這首歌（非常有名的曲子，不知道的人可以去Google一下）。

另外一次，我穿著自己喜歡的衣服去台北。一個年輕的台灣女孩用日語問我：「裙子很可愛，是在日本買的嗎？」我覺得很高興。「現在，我增加了覺得日本很棒的人了？」心裡這麼想。

從這些經驗中，我改變了想法。就算是一個人旅行，沒有要見其他人，也要穿讓自己的心情變得明亮的衣服，這樣才對。

從那以後，我就會把自己當時最喜歡的衣服放進行李箱裡。不過，數量要少而精。根據季節的不同，基本上每天都是穿差不多的衣服，所以就選擇（自己覺得）最適合自己的風格。如果穿著自己喜歡的衣服，就算是在第一次逛的店或旅館裡，也不會感到害怕，反而會很自在。

不過，內衣類的貼身衣物，我會帶一些穿完就要丟掉的，或者是很容易乾的材質。把所有的東西都準備好後，分類放進一些輕便而柔軟的環保袋或新的塑膠袋（大型的垃圾袋也可以）裡，再放進行李箱。這樣可以方便整理行李，而且如果有需要的話，也可以使用。回來的時候，也可以把髒衣服放進去，很實用。

還有，逛街的時候，我會選擇一雙可以走很久的鞋子。我是一個每次旅行都會在早上跑步的人，所以會找一雙既可以跑步又可以逛街的輕便運動鞋，並且一直穿著它。

因為這雙鞋子可以走路也可以跑步，所以在吃晚飯或購物的時候，就會想換一雙鞋。我知道鞋子是最占行李空間的東西，但這是我唯一不願意妥協的地方。因為在旅途中，我常常覺得自己的鞋子被別人注意到了。有句俗話說「看鞋知其人」。而且，我也是一個鞋子控。

所以，我會把輕便的運動鞋放進行李箱裡，然後在來回的路上，穿一雙既好走又有正式感的經典女式便鞋（樂福鞋）或所謂的老爺鞋＝雕花皮鞋。

如果決意要去一家一個人不太敢進去的餐廳吃飯，帶一個小巧而時髦的包包很能鎮場子。我最近會帶一個在BEAMS找到的京都片山文三郎商店的毛毛包包。這是一個用一塊布做成具時尚感而且超輕的包包，深得我心。

我的海外單人旅行物品清單（如果是大約四晚的話）

・智慧型手機、Wi-Fi分享器、充電器、行動電源
・護照（也要帶複印件）
・疫苗證明（也可使用應用程式，最好事先確認一下是否需要紙本）
・信用卡三張、現金、錢包兩個
・證件照片（護照大小）
・裝有一晚盥洗分量的小袋子
・眼鏡和隱形眼鏡
・書（跟旅行目的地相關）
・筆記本、筆記用具、護身符（從父母或先生那裡得到的）
・香薰噴霧（用於放鬆。特別是在飛機上）
・可以塗在任何地方的乳霜（防止乾燥）
※以上是機上攜帶物品

・臉部護理用品（如果是兩晚以下的話，盡可能帶試用品、一次性面膜等。如果是更長時間的話，就把它們裝在小瓶子或容器裡帶去，用完後在回家前丟掉。洗髮水就用旅館的，護髮素自己帶＋最少量的化妝品）

・OK繃的強力款、感冒藥和止痛藥、防乾眼症的眼藥水等藥品

・內衣（快要丟掉的，或是很快就能乾的，需要的數量）

・衣服（喜歡的少數精選。不會占空間，不會皺，好活動。裝在像大垃圾袋那樣的塑膠袋或薄的環保袋裡）

・跑步服（也可以當雨衣）和跑步用的小包

・運動鞋（可以跑步的）＋稍微正式一點的平底鞋一雙

・旅館內穿的輕便膠拖鞋

・逛街用的包＋小巧的時尚包（根據地點，有時會選擇薄皮革的）。全部都要輕便款！

・小刀（用來吃水果等）、筷子、免洗湯匙、小杯子等試吃套裝

・喜歡的茶（茶包）

・我的梅乾（兩、三粒。我相信它可以幫助調整胃腸功能）

・根據目的地，可能需要保冷袋和保冷劑（用於帶回家。日製產品非常出色）

・垃圾袋和塑膠袋、夾鍊袋數個（有時候可能用不到）

選擇旅館時重要的三大要素

我認為旅館是影響旅行好壞的重要因素，特別是在一個人旅行的時候。從工作和家務中解放出來，舒服地躺在床上，我想要放鬆。而且還要感到安心。所以，我總會提前預訂旅館。在不斷的嘗試和犯錯中，我發現獨自住旅館時，不能妥協的三大要素是：

- **清潔**
- **安全**
- **好的地點**

另外，作為一個加分項目，我會考慮自己是否覺得舒服，以及是否信任經營旅館的公司。這五個要點，大家可能會想，這不是理所當然的嗎？也可能會有人覺得那麼價格應該很貴？當然，最高級的酒店基本上都能滿足這五個要求。但我想找的是，對錢包相對友好的旅館，並且能滿足這些條件的地方。

首先，我會查看樂天旅行或一休.com，海外的話會查看Booking.com或Agoda等網站，找到看起來不錯的旅館。在難以判斷的海外部分，我會以Booking.com的評分八・〇以上為目標。

找到後，再去看旅館的官方網站。看看是不是一個有品味的（我喜歡的），提供必要訊息的網站。然後，再用旅館名稱重新搜尋。最近，各種預訂網站的價格會以可比較的形式顯示出來，所以我會在看這些價格的同時做出最終決定。

我會根據照片、評論和價格來判斷，所以下面總結一下自己的判斷重點。

絕對不能妥協的清潔度可以透過評論來確認

首先來說清潔度。我認為，這在很大程度上可以透過新穎度來解決。說到旅館，我們會想到戲劇裡面成為主角的傳奇服務員或神級的禮賓員，但是我認為，建築和設施才是生命線，這是我身為旅館（後來變成飯店）女兒的想法。

有很多旅館已經蓋了超過三十年，除非全面翻新，否則無論如何都無法隱藏磨損。說來很殘酷，越新的旅館越乾淨。

有時候在老牌旅館裡，雖然很舊，但是正因為很舊，可以看到清潔工作做得很到位，並且感到被精心打理的美麗。但是，畢竟這種情況很少見。而且，這種老牌的旅館規格很高，有點奢侈，一個人入住可能會有點困難。

在幾個條件中，清潔度是絕對不能妥協的，所以，當我一個人旅行的時候，會盡量找比較新，從開業到現在一、兩年，最多在五年以內的旅館。新穎度或全面翻新是酒店想要強調的地方，所以在網站上會特別標註在顯眼的地方。

關於清潔度，我一定會看評論。根據我的調查，「不乾淨」「積滿了灰塵」「有頭髮……」等，都是評價低的原因，並且在評論中被寫出來的機率非常高。

所以在預訂的網站上我會從評價低的評論開始看。每個人都討厭不同的事情。評價低的原因可能對我來說並不重要，但我也會確認一下。看看旅館對於嚴苛評論的回應也很有趣。

此外，如果在Google地圖上搜尋感興趣的旅館，那裡也有評論。我會點擊「最新的順序」，看看最新的評論，多是一年以內的。比預訂網站的評論更直接。可能是因為沒有與旅館有利益關係?因此，非常具有參考價值。即使是在海外，評論也會自動翻譯成日語顯示，所以建議一讀。

順便說一下，餐廳也是一樣，我會從評價低的餐廳網站開始看，然後在Google地圖上從最新的評論開始看。

在單人旅行中，安全性也不能妥協

我認為安全性與安心、放鬆都是相關聯的。是否靠近公共交通工具，深夜夜歸的道路上是否燈火通明？雖然我盡量避免在一個人的旅行中深夜才回來，但如果在深夜也能安全地回到旅館，那就更好了。是否有人二十四小時在接待處？入口是否面向大街？是否保持清潔？如果入口的門很小，酒店只是大樓的一部分，這樣就不太好。我也會避免一個人去住很流行的民宿。

即使是大酒店，一到晚上，入口處也是令人意外地安靜。在京都，如果入口處在觀光地的大寺廟後面，白天即使很熱鬧，但是太陽下山後就變得一片漆黑。還發生過白天被我認為相當不錯的酒店門口庭院，樹木繁茂（還有池塘），夜晚當我一個人在這裡散步時，走著走著就無法找到入口，把我嚇得不輕。

此外，如果可能的話，酒店的入口前能停下計程車，那就更方便，也更安全了。即使我打算一個人旅行時盡量使用公共交通工具，但有時候也會累到搭計程車回來。

雖然很多是需要現場才能知道的小細節，但現在打開Google地圖的街景，已經可以確認很多東西了。

不可忘記的旅館內安全

最近的旅館中，很多電梯改成需要用房間的鑰匙才能到達想去的樓層。想想看，旅館內不讓人隨意進出也是好事。如果是新開業的旅館，或是一定規模的企業經營的旅館，那麼這一點應該沒有問題。像是凱悅或希爾頓等大型連鎖酒店（特別是海外）、JR等鐵路系、航空公司系，還有三井集團或大和房屋等。

我有時候會在預約時要求房間離電梯不要太遠。最初是因為和腿腳不便的母親一起旅行的緣故。

有些旅館的結構是，要經過很長的走廊才能到達房間，這樣的話，一個人拖著行李走起來會很累。在海外，走在一排排客房門的走廊上，有時候會覺得有點不安。電梯就在房門外也不好，但是如果能在不太遠的地方就行了。

對於單人旅行來說，方便的地理位置

從單人旅行的便利性來看，旅館的地理位置也很重要。但也會因為來回的路上都會經過車站，所以沒有深思熟慮就選擇靠近車站的旅館，事後卻後悔的時刻。

無論是日本還是海外的地方城市，往往都是在繁華鬧區形成之後，鐵路車站才蓋起來。從古至今很多繁華的地方和古老的街區，往往離車站比較遠。在國內，比如金澤、富山、京都、長崎，都是這樣（也有車站建成之後，車站周邊由於大資本的進入而發展起來，舊的商店街反而衰敗的情況）。

在購物和觀光的空檔時間，如果能回到旅館放下行李，休息一下，就會感到放鬆。比起一個人進入咖啡館，這樣更加輕鬆。因此，我覺得即使在旅館上多花一些費用也沒關係，因此最近我在確認了想去的地方之後，再決定旅館。

不放棄自己喜好的舒適感

舒適感是因人而異的。就我個人而言，我不喜歡高層樓。因為會想起《火燒摩天樓》這部電影（是部傑作）。

還有，設計的印象也意外地很重要。如果不是自己喜歡的裝潢，能不能放鬆呢？旅館的網站上有時候看不出房間的細節，但是如果很在意的話，可以用Google地圖的評論欄或者部落格上一般人上傳的沒有加工的照片來確認。

另外，就是浴缸。一晚上沒有浴缸我還能忍受，但是覺得很必要，特別是深一點的浴缸。海外的旅館大多都沒有浴缸，所以我甚至會發郵件強烈要求，並且得到對方確認。

不過，只要有大浴場，房間裡沒有浴缸也可以。日本國內的話，最近有很多旅館都附設了安全措施做得很好的大浴場。像是三井花園旅館或Candeo Hotels等。和女性朋友一起旅行的話，可能會有些人不願意裸體相見，但是一個人旅行的時候就很方便。

還有，我是個床單控，所以如果床單很舒服的話，就會想要再去住。房間裡有個可以燒熱水的壺也是我不能讓步的一點。最近大部分的旅館都有快煮壺。我想要用自己帶的茶包泡杯茶來喝。

一個人旅行的旅館，不可避免地會以安全、地點、機能為優先評估。雖然有點無趣，但我真的很喜歡旅館，不過有故事的旅館，一個人去住的話，又容易費用較高，所以也沒辦法。

有一本名著叫做《客房中的旅行》（浦一也著，繆思出版，二〇〇七年）。作者是建築師，記錄了他在世界各地住過的旅館的房間，用實測的尺寸，畫出了家具和備品細節，以五十分之一的比例（水彩上色），畫出了詳細的房間平面圖，還寫下關於那個旅館的故事。這些圖都是畫在各個旅館印有logo的信紙上，這點也很有意思。鮮豔地毯的顏色和質感，精緻設計的沙發等，都被凝練在一張圖上。

這本書我一直放在枕邊，會摺起想要去住的旅館頁面，不時翻看。想著：啊，這裡，或許一個人也可以去住住看？

Part 2

日本單人旅行

這樣一個人，沒有任何壓力地在旅館房間享受了一頓晚餐。中途可以去洗個澡，獨自一人真是自由自在。早點睡覺充充電，明天的早晨就可以活力滿滿地去跑步了。

旅行目的地有兩個就夠了——從富山到飛驒高山

「要不要去趟富山縣的利賀村，住歐式鄉村旅館？」某個對美食很有研究的朋友發來邀請。聽說廚師因為憧憬富山的食材，從零開始打造出這家旅館，我二話不說就欣然應允了。

利賀村是一個被一千公尺級的山峰環繞，清澈的溪流流過的村落。從富山站搭乘高山本線，到了以「OWARA風之盆」聞名的越中八尾，再開車沿著峽谷行駛大約一個小時就到了旅館。

嗯？高山本線？我在網站上確認行程的時候，不禁對這裡有了反應。這不是我一直想要坐的那條鐵路線嗎？

於是，我和朋友在旅館享受完之後，就一個人留下來，搭乘我一直夢寐以求的「那班特急」，去了我一直想要去的「那家麵包店」。

想去那家賣聖誕麵包（stollen）的店！

說起來，我和朋友在旅館玩得很開心，在富山道別後，就一個人去了夢寐以求的麵包店。那家麵包店是在飛驒高山的法式麵包店「藍色列車」。雖然是位在飛驒高山上，卻是家全國都知名的麵包店。

我是因為聽說「聖誕節的聖誕麵包非常好吃」的傳聞，才知道這家店。試著訂了一個，真的是非常好吃。

這差不多是十二年前的事了。我當時很迷聖誕麵包。在東京能買到的我都買了一輪，聽說哪裡好吃就特地訂回來，一一品嚐比較。當時那個數量，大約有四十家店以上。真是……不曉得害怕地亂吃。

因為聖誕麵包是一種德國的甜點麵包，最後要浸泡在奶油的海洋裡，然後把滿滿的糖粉撒在上面，是根本不在乎卡路里的食物。我吃了四十家店＝四十個麵包，嗯。

在這些店家中，只有藍色列車會讓我產生有這家店的聖誕麵包就夠了這種想法。從那以後，我每年都會訂來吃。

聖誕麵包（stollen）是德語，意思是「坑道」。看那個形狀就明白。除了法國的阿爾薩斯地區或荷蘭、瑞士、丹麥等地，現在全世界都很喜歡聖誕麵包，口味也各式各樣。在日本是當成聖誕節的甜點，從十一月左右就可以看到，但是在歐洲有些店是一年四季，根據季節賣不同的聖誕麵包。

我喜歡裡面有長時間泡酒的水果乾，底部比較重的口感。但是也要有杏仁脆片讓它輕盈一些，外面要有酥脆的感覺。糖粉要多，整體口味較成熟，不會太甜，但某些地方仍保有甜味。聖誕麵包這種不規則的味道很受歡迎。

藍色列車的聖誕麵包，就是符合我這種喜好的口味，或者說，讓我深深感動，明白了「原來自己喜歡這種聖誕麵包！」

我在料理教室拿出來給大家吃，現在也有很多人和我一樣，會訂這家的聖誕麵包。我一直想去看看，飛驒高山啊……這樣想了十二年多。所以，就有了這次的旅行。

第二個目的是什麼？

在幻想著「總有一天，一定要去」的時候，聽到了關於高山本線的「JR特急飛驒號很有趣」的傳聞。我是一個對鐵路有著強烈興趣，稍微有點鐵道迷，喜歡乘坐列車的人。

特別是那種有昭和風味的，像搖籃一樣、有節奏搖晃的列車。

特急「飛驒」號連接富山和名古屋。其中，有服役超過三十年以上的舊型車廂（舊式的KiHa 85系）充滿了懷舊的昭和感，窗戶大，座位也寬敞。而且從那個大窗戶看出去的風景是河川絕美景色。人們無法度過的急流和巨大的岩石之間流淌的河流，就在你的眼前，列車就像是在那條河上上下行駛一樣！

為了「飛驒」和「藍色列車」這兩個目的，我盯著鐵道路線圖看了很久，決定了從富山——飛驒高山——名古屋的路線，乘坐舊型車廂的特急飛驒，然後從名古屋乘新幹線回東京這個行程。

愛上了特急飛驒滿載昭和風情的列車

我想要搭乘的是一種叫做KiHa 85系的老式列車。雖然新式車廂很受歡迎，但從富山到高山這段路線還是使用舊的車廂。我旅行的目的就是搭乘舊車廂列車，所以不惜花錢買了綠色車廂[2]的票。

---

② 綠色車廂：比普通車廂的自由座或對號座更高級的座位，相當於飛機頭等艙。

一進入車廂，就有點感動。座位部分是階梯式的，專業的說法是「高甲板座位」，就是座位的地板比中間的通道高出一層。

坐下來後，我覺得視野變得很好，而且這一層的高度讓我覺得公共的通道和私人的座位有了一種空間的分隔，心情不知不覺就變得很好。新式車廂是無障礙空間設計，所以這可能是舊式車廂才有的特色。而且，綠色車廂是兩個座位和一個座位的組合，一排只有三個座位，座位很寬敞！

風景方面，我覺得坐在前進方向的左側會比較好。從富山出發後，很快就看到了壯闊的山景。每次經過一個小站，我就會浮想聯翩。這裡曾經是繁榮的車站嗎？現在已經停止運作的工廠、沒有人的廢墟般的大型公寓，還可看到關門大吉藤蔓纏繞的旅館。

我故鄉長崎也是一樣，每次遠離了當地的中央車站，心裡就有點悸動。平時在東京的時候，都不會想起，但是在這裡有無數的故事，是我們不知道的。

還有，每次看到在小站工作的車站人員，我都會自然地感謝他們。如果看到是個年輕人，我就會輕鬆地想著這裡是他們的故鄉嗎？

旅行的時候，我總是會想著：「如果在這裡出生長大，我會有怎樣的人生呢？」

🚃在這裡感受列車通過的熱情

搭乘這部在險峻的山中要穿過好幾個隧道的列車，不由得讓我自然產生了謙卑感。我想到了那些不知名的人們，他們付出了多少辛苦，甚至是生命，才建造出這條鐵道，我對他們滿懷敬意。還有，穿梭山林之間，覺得是被大自然允許通過此處，感激不盡。

列車在山與山之間，有時穿越峽谷，有時沿著河流，有時像闖入森林，不停地前進。在安靜美麗的河流旁，我還看到了有人站在深到胸口的水中釣魚。就像電影《大河戀》③一樣。

看著環繞河流的山頂或絕壁，感覺這裡有未知的生物存在也不奇怪。此時深刻地理解到，即使是小小的日本，我們所知道的自然也只是一小部分而已。

沒有可以讚嘆風景的說話對象，也沒喝著啤酒，只是專注地欣賞令人目眩神迷的山河景色，想著各種各樣的事情。這正因為我是一個人，才能領會的醍醐味。

---

③《大河戀》（*A River Runs Through It*），一九九二年美國劇情片，改編自諾曼·麥克連的一九七六年同名半自傳中篇小說。勞勃·瑞福執導，主演包括克萊格·傑佛瑞爾、布萊德·彼特等。

我如果和朋友一起去的話，就會一直說「好棒啊好棒啊！」什麼的，然後覺得要不斷地說話，不然就會尷尬，結果什麼都沒有看，也沒有想。

這次一個人來，就可以專心地看著那座橋，想著「它是怎麼建造的？」「有多少人參與建設？」等等。

有時候，我會看到發電廠或水壩，就會想起仙人谷的水壩的故事。那是一個驚人的工程，建造黑部峽谷的仙人谷水壩（黑部川第三發電所）過程中，據說有超過三百人犧牲了。即使不是那麼大規模的水壩，我也會想，為了眼前這座水壩，有多少人冒著生命的危險呢？

想起了那些默默地完成了這些偉業的人，他們就像地上的星星。中島美雪的歌（ＮＨＫ節目《Project X》的主題曲）在我腦海中響起（太俗氣了，對不起）。

總之，我覺得這條路線，列車能夠在這裡奔跑，本身就是一個奇蹟——我目不轉睛地看著，不知不覺過了兩個小時，列車就到了高山站。

在高山站看著車廂連接，然後出發！

這裡可以看到，連接四節前往名古屋方向的車廂的過程。是的，這天從富山站到高山站只有三節車廂。從這裡到名古屋站，因為乘客會增加，所以在高山站加上四節車廂，變成七節車廂。身為鐵道迷的我，對這種罕見的作業感到很興奮。也和其他來看這個（？）的鐵道男們一起拍了照。

高山站確實是一個著名的觀光地，車站非常壯觀。車站大樓大量使用了飛驒的木材，美麗而寬敞，讓人感覺很舒服。廁所也很乾淨，儲物櫃也很完善。

我打算從名古屋搭乘新幹線回家，所以查看了前往名古屋站的特急飛驒的時刻表。大約每小時有一班車，所以我大致決定在高山停留三小時，將不需要的行李放入儲物櫃，然後開始街道漫步。

順帶一提，高山站所在的岐阜縣高山市，據說是日本面積最大的市。其中百分之九十以上是森林。北阿爾卑斯的槍岳、奧穗高、西穗高的挑戰者們也會在這裡下車。

第一次下車時，我發現車站前是一條讓人覺得是鬧區的大馬路，而其再往後就緊接著壯麗的山脈。有些人裝備齊全，讓我想起了新田次郎的《孤高之人》《槍岳開山》（推薦一讀）和井上靖的《冰壁》，我不禁打了個寒顫。

至高無上的藍色火車聖誕麵包

出了高山站後，我就往藍色火車而去。觀光客們會去參觀高山陣屋等地方，那裡有著飄散江戶時代風情的古老街道……我則是朝完全相反的住宅區前去，大約走了二十分鐘。根據Google地圖的評論，這裡總是排長隊，而且還會發放號碼牌。那天是平日的中午稍早，已經有四、五組人在排隊。我等了大概二十分鐘才進到店裡。後來聽說，等二十分鐘算是短的，我很幸運。

哇~十二年以上的日子，那個聖誕麵包就是從這裡寄出，我感慨萬分。

店裡並排著近二十種的麵包。要請店員點餐拿取麵包，這可能是因為新冠疫情的緣故。

我想買一些可以馬上吃的麵包，還有一些在回程火車上吃。首先，我選了店員推薦的可以「馬上吃」系列的甜點，包括塗有飛驒產藍莓的卡士達奶油丹麥麵包，以及自開店以來就很受歡迎的藍莓派，還有廣受歡迎的剛烤好的可頌麵包。此外，我還買了一些可以帶回東京的麵包，包括簡單的吐司、方形丹麥麵包，這是一種很受歡迎的一斤麵包，還有一些硬質麵包。要買這麼多嗎？還是全都要了吧（都超好吃，好好地完食了）。

從麵包的種類來看，丹麥麵包、可頌等含富含奶油的麵包似乎是該店強項。實際上，這些麵包口感酥脆，非常美味。我覺得這也是聖誕麵包美味的關鍵。通常我只專注於硬質的餐點類型麵包，但這次我被像蛋糕一樣豐富而細膩的丹麥麵包重新吸引了。

也許，眼前這位可愛的女士就是我曾經透過電話或電子郵件多次交流的人？我一個人自我感動良久。但我太膽小了，所以沒有和她攀談，在心中默默唱著這樣就好了吧，讓她把一大袋麵包裝好，然後拿著就離開了。

遇見人生前三名的水羊羹

那麼，這下已經達到了我的目標，但既然都來了，我也想看看江戶時代的街道，所以我帶著麵包去散步。去了如果來到高山就想去看看的「繪馬庄古民芸店」。看了一會兒精緻的古老生活用具後，去了前面的「飛驒高山市博物館」。

看了展覽，學到了一些關於高山的知識，問了工作人員推薦的散步路線，他建議我要不要去走一走江戶時代的街道？比如上一之町、上二之町、上三之町等地方。按照建議走了一遭，我看到了一家創業於元祿八年的酒莊。能夠經過有歷史的酒莊真是太迷人了。

聽說「麥落雁」[4]是當地的名產，我想找個地方買一些，但決定不去查Google口碑，而是依靠自己的直覺來進行。在這種情況下，只能靠「有fu」來決定。但後來我想了想，最後讓我下手購買的依據可能是店鋪前面的清潔度、包裝紙和商標的特別之處，以及代代相傳的家族企業感。

我在下二之町找到的「卷葉屋分隣堂」也是這樣的感覺。

當我正等著打包小盒的麥落雁和鹽落雁時，突然看到了季節限定的水羊羹[5]。我被它的包裝和陳列的氛圍吸引住了。

賞味期限是「本日中」，因為接下來我就要回東京，所以求購時，他們告訴我「一定要保持水平帶回去」，他們用很多冷卻劑，而且還小心翼翼地包裝好，確保冷卻劑不會直接接觸到食物。這些服務是免費的，且超越了理性的展現。「我希望您能在最好的狀態下品嚐我們的水羊羹」，這是製作人的心情展現。我非常理解，所以全神貫注地提著它回家。

然後，這成為我人生中最好的前三名水羊羹之一！秋天的時候，飛驒高山的名產也有栗子口味的唷！

我問道：「你們做這個已經很久了嗎？」他們回答說：「不，我們店還很新，就比九五年多一點。」

特急飛驒的精髓在高山到名古屋之間

回程是到名古屋，我再次乘坐特急飛驒。哇，這真是太棒了。列車沿著從高山通過飛驒川的路線行駛，但這條河的風景真是令人不可言喻的壯麗。人們彷彿消失了，一瞬間都難以停留，我看到了從未見過的河流風貌。

上游處有大約二十個榻榻米大小的巨岩擠在一起，那裡是水花四濺的激流，只需再過幾百公尺，就變成了在藍天下，映照著釣魚人的一片寧靜水相，這種變化讓我湧現了敬畏之心。

岐阜是木普川、長良川下游合流之處。看著眼前展開的景色，由衷地慶幸自己決定搭乘這班列車。

④落雁：一種日式和菓子，由米粉和砂糖等混合後壓模製成的糕點。
⑤水羊羹：一種日式和菓子，水分含量超過百分之五十的羊羹。

帶著比電影還要刺激的車窗景色的興奮，抱著（一大堆）愛戀了十二年的麵包和（水平拿著的）水羊羹，一路平穩地到了名古屋站，再跳上新幹線的希望號，開始了回程。

而且，我覺得不可思議的是，從岐阜車站起，特急飛驒突然開始倒車。據說是為了進入東海道線，但在那樣繁華的車站裡，列車方向突然改變，這對我來說是第一次經歷。

啊，對了，在希望號的車廂裡充電的時候想到，舊式的特急飛驒即使是綠色車廂，也沒有充電電源，請大家一定要注意。

搭乘梓號列車，前往她沉睡的地方——甲府

在甲府，有著對我來說重要之人的墓地。

在我十八歲時，從長崎來到東京，我決定住在目黑的阿姨（母親的姊姊）家。無論如何，二十歲前不能一個人獨自生活，所以母親指定我應該住在那裡。

身為大學生有很多空閒時間的我，和小孩全都獨立、有點時間的全職主婦阿姨，我們兩人一起度過了很長時間。回想起來，那時候的阿姨應該是代替了我媽媽的角色。現在這位阿姨在甲府安眠著。

阿姨是我的烹飪老師，她教我家庭烹飪的樂趣。不僅僅是烹飪本身，她還在生活中教我選擇食材、購物的方法，以及分辨好品質的技巧等等。

我的老家是經營觀光旅館。因為是在地經營，生意和家庭生活非常緊密相連，總有人

在家裡兩頭幫忙。媽媽很擅長烹飪，但由於每天都有新鮮食材送來，所以她很少需要外出購物。

但是阿姨就不同了。從早上開始，她就開啟吸塵器打掃整個家，還要洗衣服、照顧孫子。從零開始親手製作一家子的飯菜，自己一個人去購物。我開始幫她做這些事情，並且非常樂在其中。

第一次見到的食材，沒吃過的食材

其中最令我開心的就是購物。我們會去一家時髦的超市，那裡並排著許多在長崎從未見過的外國產品，如起司、咖啡、果醬、罐頭、葡萄酒等。我一一拿起來，翻過來看，嗯嗯？哇！驚訝連連。「這個，可以買來試試看嗎？」我問。阿姨說：「什麼什麼？嗯～可以，但你一定要吃掉喔！」

我們經常去的是百貨公司的地下街，那時候的種類沒有現在多，但是老字號店家比現在多，特別是澀谷的東橫暖簾街。那裡也有很多我看了就想嘗試的東西。像是LOHMEYER的肝醬，井泉的日式可樂餅等。

阿姨對於「在哪裡買什麼」有著堅持，我也跟著她一起逛了很多次。當時，大米是在小田急HALC的地下街購買，鮭魚子是在上野的松坂屋，雞肉要去築地，牛筋是在大森。雖然我當時並不太理解其中的差異，但在跟隨她的同時，我學到了很多。

大老遠買回來的雞蛋變成了布丁，牛筋變成了燉飯，可樂餅和炸牡蠣也一樣，只要是阿姨在家裡製作的食物都非常美味。不論是聖誕節還是生日，我都會邀請朋友到阿姨家來玩。

阿姨從長崎遠嫁到東京，與東京人的姨丈結婚，經歷近四十年的都市生活鍛鍊，她變得經驗豐富，成為了能夠在東京品嚐各種美味的行家。每個月閱讀《家庭畫報》和《生活手帖》，前往雜誌上介紹的店鋪，或許她就像海綿一樣吸收了很多資訊。

而且，我毫不懷疑阿姨本人就是一位純粹的吃貨。吃貨，只要美味，哪怕是麻煩的事情也無所畏懼。即便只是一片雞肉，如果知道哪家賣的更好吃，也會毫不猶豫地繞遠路去買。我在和阿姨的生活中，學到為了「好吃」，省去麻煩是「可惜」的。

找到甲府讓人想去的地方！

那位阿姨現在正長眠於她從未居住過的甲府。

為什麼呢？因為那裡有姨丈本家祖墳。明治時代出生的姨丈在遺言中留下如果先行離世，請另一半將他葬於此處，阿姨後來也留下遺言，表示將來也要長眠於此。

雖然有姨丈的陪伴，但是在這樣的環境中應該感到相當寂寞吧？因為同一個墓地裡的大多是不認識的人……雖然我這麼想，但一年也只會造訪一次，而且總是匆匆忙忙地參拜完就急忙離開。太匆忙以至於連阿姨墓地的寺院在甲府哪條街道上都不知道。總想著有一天，要好好地逛逛甲府，因為這也是阿姨給我的緣分。

這時出現在我眼前的就是「AKITO COFFEE」，這可是甲府引以為傲的特色咖啡店。

我會發現這家店，是因為在島原（長崎縣）製作出獨一無二美味麵條「Q彈全粒麵」的伊崎洋明商店的伊崎洋二先生，他在Instagram上按下了「讚」。

既然這位人物在追蹤和推薦，肯定有什麼特別的地方。讓我好奇。

於是，我發現了「甲府讓人想去的地方」。為了去給阿姨掃墓和品嚐AKITO COFFEE，我打算去甲府住一晚。

搭乘梓號列車，我就是我⑥〜♪

住宿根據我一貫的單人旅行規則，要乾淨、新穎、靠近車站並讓人安心的場所，再加上大型連鎖酒店等關鍵字搜尋，結果跳出了「城之HOTEL甲府」。距離車站只有一分鐘的步行路程，毗鄰甲府城遺址公園，而且令人讚賞的是，在屋頂還有露天風呂，可以欣賞到日本阿爾卑斯山脈的美景。在樂天旅遊網上查看價格時，發現價格僅為商務酒店價格。雖然房間不大，但對單人來說也算不錯。

從新宿車站到甲府車站，搭乘梓號列車約需一個半小時。當搭乘「梓號列車2號」時，我是不是唯一會熱情地唱〈梓號列車2號〉⑦的人呢？

順帶一提，目前的出發時間是早上八點整的列車，似乎是「梓號列車5號」（與當時相反，下行線為奇數，上行線為偶數）。總之，由於我是百分之七十的鐵道愛好者，於是就興奮地選擇了「梓號列車」搭乘。

首次一人搭乘「梓號列車」抵達甲府車站時，驚喜地發現車站裡有一個吧檯，可以用杯子品嚐山梨葡萄酒。嗯！我一瞬間雀躍不已，但看了一眼情況後，決定在回程時再來嘗試一下（因為我怕生），然後步行前往飯店。

接著，真是令人震驚的事情發生了。原來在酒店一樓也有一個自助服務吧檯，只需一

---

⑥〈我就是我〉曲名：私は私，演唱：峯岸南，作詞：秋元康，作曲：吉木繪里子。
⑦〈梓號列車2號〉曲名：あずさ2号，演唱：狩人，作詞：龍真知子，作曲：都倉俊一。

個五百日圓硬幣，就可以品嚐山梨葡萄酒！太棒了！由於沒有其他人，我只品嚐了一杯。心情一下子輕鬆了。

把行李寄放在飯店後，立刻去參拜阿姨的墓。我想步行或搭巴士前去，在Google地圖上查找後，發現從甲府車站到一蓮寺墓地，搭乘巴士約經過五個站。看起來離以前的鬧區街道不遠。突然意識到這是甲府的中心地區。

和當地人一起擠公車時，會有一種生活在這裡的感覺。我喜歡乘公車，因為可以迅速地拉近我和城市之間的距離。

一蓮寺是一個我不太熟悉的時宗[8]寺廟，一遍上人的雕像迎面而來。那天我對阿姨打著招呼說：「明天我會再來，今天會在附近過夜，我一個人來的，請多關照。」

在墓地裡許願

從小時候起，母親（可能母親也是外婆告訴她的）教我在神社或寺廟許願時要怎麼祈禱。在神社時要說「今天也非常感謝保佑」。

但是，嘿，總有些事情是需要神明幫忙，對吧？所以我唯一會去求保佑的，就是那些已經逝去的，且跟自己或家族有關係的人們，而且只限於我實際見過的人。具體來說，就是一些伯舅姨嬸和祖父母們。

其他神明可能因為種種原因而忙碌，正在努力保佑比我更辛苦的人，但只要是他們，我相信他們會注意到我的聲音，聽取我的需求（願望）。因此，我總是在墓地裡尋求保佑。比如「希望現在正在進行中的書能夠順利完成」「雖然接下了難度太高的工作，也希望能夠好好進行」等等。

當時我有一點煩心的事情，想去甲府跟阿姨求保佑。所以明天之前要整理一下思緒，再具體說明我的願望。

獨自在定食店晚餐

傍晚，獨自旅行的艱難挑戰，一個人的晚餐時刻來臨了。

這天，從墓園步行回旅館的途中，意外發現了一間不錯的店家。雖然已經過了下午兩點，但外面仍有人在等候，而且都是一人用餐的男性客人。偷偷窺探了一下店裡，看到附近的老奶奶和老爺爺也都一個人在吃飯。

---

⑧ 時宗：以一遍上人為宗主的日本佛教。

根據經驗，附近的人會來用餐的店家就是好店，如果還有老年人光顧，就更沒錯了。而且，雖然離車站和鬧區有點遠，卻有這麼多人排隊，這真是一個好兆頭。對著剛走出來的店家大姊問了一句：「請問這裡晚上也開嗎？」她回答：「我們從五點開始營業。」店名叫「若奴食堂」。

用餐還是人多之前比較好，所以我五點就來了。牆上有五十多種料理的菜單，可選擇定食或單品。比我預期的有趣，太有趣了。

首先，點了肉茄子炒青椒和一合加熱的酒，先觀察一下。看出了分量的大致大小，於是又點了馬鈴薯沙拉、納豆料理、下酒菜雲吞，想吃什麼就吃什麼。啊～真是幸福。

隨著客人（百分之八十都是男性）漸多，我迅速結帳離開。畢竟一個人長時間留下來會很顯眼，所以在店裡人多擁擠之前離開。總之，最好在開店時趕快來，吃完就速速離去。

還沒到晚上七點，我就步行返回旅館。可能是因為大家都還在吃晚飯，露天浴池很空曠，我在浴池裡站著，一邊欣賞著這樣才看得到的甲府城，一邊悠閒地放鬆了一下。

跑步，早晨泡溫泉

隔天一早，我就先去跑個步。晨跑是我獨自旅行時的例行活動。相較於搭乘公共交通工具或步行，晨跑能更深刻地感受到生活在這個城市的氛圍。透過街道的大小和清晨尚未開業的店鋪的狀況，可以感受到一種令人驚訝的生意盎然，能夠看到在這裡工作的人對店鋪的熱愛。

從位於甲府車站前的旅館爬上一段石階，就來到甲府城遺址。由於登上台階讓我筋疲力盡，稍微放慢腳步從另外一側下山，就發現自己來到了有著悠久歷史的岡島百貨店所在的市中心。

但甲府城到底是誰的城堡？雖然武田信玄是甲斐的英雄，但應該不是他的吧？畢竟隨後是江戶時代——我一邊沉思一邊慢跑著。

後來查閱資料得知，完成甲府城的是淺野長政、幸長父子。關原之戰後，就以德川家族一門的人為城主。隨後，晉升為側用人⑨的柳澤吉保成為城主。

⑨側用人（そくようにん）是指在封建社會或古代日本，城主府或大名府中輔助主要要職的官員或助手。這些人可能是高級家臣、謀士，或其他擔任重要角色的人員。他們通常負責協助領主處理政務、軍事事務或其他重要事宜。

在這次的晨跑中，我第一次被日本阿爾卑斯山脈的美麗所震撼。住在距離海邊不到五分鐘之地長大的我，對於清晰而險峻的山稜線、令人敬畏的山峰形狀感到異常新奇。日常生活中，周圍有座拒絕一切人工事物的美麗高山，這會是一種怎樣的日子呢？

回到旅館泡個早上的溫泉。因為只有我一個人，我又在浴池中站起來，這次可以看到富士山。真是幸運！

從咖啡的迷失中脫離

退房後，終於來到了AKITO COFFEE。計畫是在那裡喝咖啡，如果可能的話，再享用一些甜點，然後前往阿姨的墓地。

米其林給了個就算遠道而來，磨損輪胎也值得一遊的星級評價。總的來說，AKITO COFFEE就是這樣一家店。

店家位於甲府車站北口，與旅館方向相反。北口由於高樓較少，使得美麗的山峰更貼近眼前。AKITO COFFEE沿著樹蔭道，是一家舊民居翻新的小店，大約一間房的空間大小。在二樓，可以一邊欣賞外面的風景，一邊品嚐咖啡和蛋糕。

在吧檯上，每杯咖啡都是用手沖泡製，進店的瞬間，整個空間都瀰漫著咖啡香氣。在初夏好天氣的日子裡，咖啡在透過古老玻璃窗中射入的陽光中搖擺，時間彷彿停滯了。

我選擇了稍微淺焙的咖啡。其實在過去的幾年裡，我漸漸覺得咖啡不再好喝。甚至從其他地方訂購的豆子也讓我覺得有點不對味。去過一些風評好喝的店家，但總覺得還差一點。我是中了咖啡迷霧嗎？難道開始討厭喝咖啡了？因此，我放棄了一直以來偏愛的深焙咖啡，開始嘗試淺焙系的咖啡。

嗯，這個——如果能每天都喝到，真是太好了，我久違地這樣想著。從這一刻起，我從咖啡的迷失中脫離。真是太好了。

淺焙咖啡往往給人一種類似麥茶的印象，但是這裡的一杯咖啡，香氣濃郁，酸味適中，口感柔和。

遇上夢幻胡蘿蔔蛋糕

我自稱是胡蘿蔔蛋糕達人，無論是在被視為發源地的英國，還是發現率相當高的紐約、波士頓等地方，甚至在日本，我都跑去嚐過了。這款蛋糕裡充滿了磨碎的胡蘿蔔，但質地不會夾生，而且加入了分量足夠的奶油，上面還有優格油的糖霜。但我喜歡的是保有質地輕盈感的類型。

在AKITO COFFEE，我無意中發現菜單上有胡蘿蔔蛋糕，當然也是點來品嚐。然後，讓我告訴你，真的是一個了不起的存在！帶有香料的風味，糖分適中，口感飽滿卻又輕盈，獨具特色（這是讚美）。這超越了以往吃過的所有胡蘿蔔蛋糕，榮登為我心目中的NO1。

我想，製作這款胡蘿蔔蛋糕的人，絕對是不吝嗇花時間和心思，不隨波逐流，而是將它製作成自己喜歡的口味。不知道是什麼樣的人在做這款蛋糕？雖然是要供應給客人食用，卻又不會動搖到自己的風格，意識到客人的喜好卻又不過分，這真的是一個很困難的平衡。

與阿姨一起喝咖啡

對了，我決定和阿姨一起喝咖啡，於是買了咖啡和另一個令人心動的布朗尼，再次搭乘昨天的巴士回到墓前。我為阿姨倒了咖啡，我自己也一邊喝著咖啡，重新聊了一些話題。

當我踏入廚藝的世界時，阿姨已經無法親自下廚，她說：「你果然很喜歡嘛！無論是吃還是做菜都是。」她說，讓我做菜時，總愛自作主張地調整，或是試著加入一些她不知道的香料。

當決定出第二本書時，我告訴她：「這次打算出一本有關熬湯底的書。」她調侃地笑著說：「這個嘛，現在還會在家裡熬湯底的人，已經快絕跡了吧！現在的年輕女孩會喜歡那種書嗎？」這成為了意志堅定的阿姨和我之間最後一次談話。

在沒有熟人的甲府，是不是有點寂寞呢？偶爾也想要有個人可以交談，對吧？雖然我一邊這麼說，但實際上是我想要有人可以聊天。

在那之後的十多年，就如阿姨所預料的，湯底的書並沒有賣得太好，但之後我繼續出版書籍，勉強被稱為一名料理家。真是感謝保佑。

但是，我是一個愛好美食的人，會不遺餘力花費心思時間製作料理，同時也會考慮到那些追求速度的人，創作適合他們的簡便料理。我在這兩種極端來來回回，真是一個搖擺不定的人。

「想吃，好，我來煮吧！」這樣一想，就搭著公車和地鐵花了一個小時去買牛筋回來燉。」「我很喜歡喝番茄湯，但還是買了即食的番茄罐頭湯。」「還有我們常常吃熱騰騰的白飯，只加了柴魚片和奶油當午餐。」是啊～是啊，我回想起來了。

不論說什麼都是提到做菜。當想吃的時候，只要是自己覺得好吃的東西，也許可以毫不做作地介紹自己覺得好吃的東西呢。

我不想把墓前布置成一般掃墓的樣子，改為插滿阿姨喜歡的花，於是在車站前買了紫色康乃馨、紅茶色玫瑰，點綴上藍雪花，來向阿姨告別。

當然，我也滿滿向她祈願保佑。最重要的一個願望是，我喜歡的連載還能夠繼續寫下去。願長崎的母親，也就是阿姨的妹妹，能夠盡快地恢復為能行走的健康身體。對了，如果可以的話，我也想瘦一點（嗯，那應該是不可能的，我聽到了這樣的回答）。

回程時，我找到來時發現的甲府站內山梨葡萄酒立飲酒吧，果斷地喝上一杯。在AKITO COFFEE的布朗尼（同樣風味絕佳）陪伴下，我搭上梓號列車回家。

去法隆寺一遊，開啟嶄新的世界——奈良

我一直想去奈良，但獨自一人旅行可能會有些難度，一直在猶豫。大約幾年前，和先生兩人一起旅行時的記憶告訴我，東大寺、藥師寺、唐招提寺都特別宏大，而且彼此之間距離遠，移動也相當不便，晚上則是一片漆黑。我記得當時覺得，這一個人去能行嗎？然而，最近卻不知為何對奈良深感吸引。是鹿在呼喚我嗎？

一提到奈良，比起鎌倉、京都，更早之前，可以說是現今日本的起源地。還有，聖德太子。

對，提到奈良就不能不提聖德太子。當時，應該是個超級偶像。那個時代是飛鳥時代，大約公元六〇〇年左右。

這個形象實際上來自於《日出處天子》（日本白泉社出版）。在八〇年代，山岸涼子老

師的作品風靡一時，這是一部以廄戶皇子＝聖德太子為主角的漫畫。

無論是男是女，不，甚至難以被視為普通人的廄戶皇子，多才多藝能力出眾地活躍著。堅持冷靜理性，有時又顯得神祕。然而，面對威脅到倭國的敵人或者背叛一族的人，他會變得如同狂怒之神一般，表情也變得截然不同，足以讓對方戰慄。雖然擁有靈性和神祕的力量，卻也展現出細膩、對自己性別傾向的痛苦等多面向。這部漫畫的影響使得五十歲以上的人對聖德太子的形象深入人心。

我也是其中之一。一提到聖德太子，就會聯想到《日出處天子》、教科書上的「十七條憲法」、昭和時代的「一萬日圓鈔票」。法隆寺，據說是由他和推古天皇共同建立的，還有夢殿被譽為力量之地，我曾經去過，但僅僅是隨意漫遊在廣大的寺廟內。重新想想，我其實對他一無所知。

聽說日本的世界遺產第一號是法隆寺地區的佛教建築物。不是東大寺的大佛，也不是京都的寺廟群，而是法隆寺。為什麼呢？那裡有什麼特別厲害的地方？

好吧，讓我們去法隆寺吧

即使奈良很廣大，如果有確切的目標，或許還是可以應付的。聽說那裡新建了一家旅館，考慮在奈良站附近住宿，然後像郊遊一樣前往法隆寺，這樣應該不錯吧？於是，我開始查找資訊。在搜尋中，我竟然找到了一家提供法隆寺導覽的旅店，而且離法隆寺的山門只有大約一百步的距離。

據說，住宿在這裡的話，早上九點開始會有長達兩小時的法隆寺導覽。而前一晚還有大約一小時使用幻燈片進行的法隆寺講座。試想一下，沉浸在法隆寺講座中，會是一個美好的一夜旅行吧？

然而，這家名為「門前宿 和空法隆寺」的旅社並不像獨自旅行可以住宿的飯店，而更接近旅館的感覺。而且，只提供包含早晚餐的住宿選擇。在跟許多家庭和情侶檔中，只有我自己孤零零一個人用餐？有些勉強啊。

唉，但是等等。對於總是一個人旅行的我來說，不必擔心晚餐可能是一個不錯選擇，對吧？一到達就不必離開旅館……嗯，將不安壓抑下去，我決定挑戰第一次有晚餐的住宿，不，是去法隆寺，一個人踏上旅程。

在觀光旅館挑戰一人晚餐

法隆寺最近的車站是JR西日本的法隆寺車站。從奈良搭乘在地線，距離約三站，十一分鐘。從京都到ＪＲ奈良車站再轉車。這是許多通勤或上學的人們經常使用的普通列車。

家裡最近的車站是法隆寺站，會是怎樣的感覺？我望著搭乘同車的高中生，出神地想著，我又開始胡亂妄想著「如果我一直在這裡出生長大，我的生活會是什麼樣子呢？」不一會兒就到達了。出乎意料的是（？），這是一個位於住宅區的普通車站。

透過Google地圖查詢，我發現從住宿地點到法隆寺間的巴士並不多，所以這次特地搭了計程車（約八百日圓），總之就是前往旅館。

我抵達的地方是一座相對新的大樓，擁有乾淨而現代化的旅館風格。周圍真的是只有法隆寺。

進入被帶到的客房後，由於實在太安靜，開始感到一些不安。於是，當我離開房間前往用餐區和大浴場時，就像《不可能的任務》一樣，將行李箱放在門口，以防有人入侵。即使在晚上睡覺時也是如此。我是不是太害怕了？到底會有誰闖進來呢？是古代人嗎？不，這裡也完全沒有靈異現象的感覺。

讓我擔心的大廳晚餐，果然有一種孤單感。我又馳騁妄想，認為所有人都應該在憐憫地想「那個人，為什麼是一個人？」，但當我看過去時，每張桌子人們都開心地用餐，對我一點興趣也沒有。雖然原本就抱著獨自行動的想法，但當實際進行時，卻發現在街上的店裡獨自吃晚餐，可能還比較愜意。

點了在地啤酒，咕嚕一口。然後心情寬慰，啊～一個人的感覺真好。由於體重有點超標，我決定不吃白飯，只要水果當甜點，這樣也不用感到不好意思。

當我開始觀察周圍的桌子時，附近有兩組人馬，一組是四名年輕女子，另一組是三人組。聽他們的對話和態度，可以隱約感受到彼此之間的距離感。

在一個隔板之後，只能看到女性的身影，但是可以清楚聽到對話的地方，有一對大概六十歲左右的夫妻。雖然知道這有點兒失禮，卻不禁聽了他們的對話。起初我覺得他是個麻煩的男人，雖然什麼都不知道，但當他的妻子（太太）從一開始的辯解到最後卻說了「嗯，是的」，我就忍不住笑了起來。

順便提一下，第二天早上，這對夫妻向前台要求「平攤支付住宿費」，每個人各自付款。嗯，嗯？

還有其他人，如婆婆（應該是）和媳婦（兒子的妻子）的對話、老年姊妹的對話等等，我不禁豎耳傾聽。有各種關係，各有各的故事。這也是因為在這家旅館，幾乎所有住客都會在早上九點集合在大廳參加法隆寺之旅。是的，迫不及待要參加期待已久的法隆寺之旅！九點開始，長達兩小時。這是這次旅行的主要活動。

神導遊是前台，對法隆寺的熱愛令人感動

我在法隆寺裡面走了兩個小時。我原本以為會很久，但結論是，時間過得飛快。而且，那真的很棒。我決定下次再參加之前，要先學習一些相關知識。

我是唯一一個獨自參加的人，但沒有人在意，這裡非常自由。其實這個旅行團在一開始就說，「進出自由，如果累了，不用打招呼，直接離開就好」。他們很貼心。實際上，有一對年長的夫婦就這麼輕易地離開了。

這位貼心的導遊竟然是酒店的前台。「我只是一個普通的酒店前台」，他一直這麼說。他也會鋪床，也會辦理入住手續。他自己說，他不是專業的導遊，只是一個「喜歡法隆寺的人」。

但是，可能正因為如此，他對法隆寺的愛溢於言表，有很多想要分享的事情，那種熱情讓人感到非常舒服（這是讚美）。他對法隆寺的推崇，讓我們也感到非常高興，非常愉快，最讚了！「萬歲！法隆寺」我看到他背上寫著這幾個字。所以，我悄悄地給他取了一個外號，叫他「法隆寺君」。

他說，這個旅行團本來需要八個小時以上，但他們把它壓縮到兩個小時。確實，這比一部電影還要精彩，是頂級的娛樂。

法隆寺包含了所有的時代

現在，我想了解法隆寺的魅力，但我對此一無所知，所以我認為在這裡停止談論法隆寺是明智的。

但無論如何，我參加了兩小時的導覽團，不停地點頭，點到脖子都痛起來了。所以，我將寫下所學到的。首先，法隆寺是世界上最古老的現存木造建築，因為它是在一千四百年前建造的。

在希臘和羅馬還有更古老的石造建築，但法隆寺是木造的。很驚人吧？它能夠保存下來就像奇蹟一樣。因此，世界各地的建築從業者都會來參觀。

然而，即使是像我這樣的水平，也知道法隆寺曾經發生過好幾次火災。這意味著，法隆寺有一千四百年前建造的部分，以及之後經過多次重新修整的部分，同時共存，這就是最有趣的地方。

一根柱子上留下了削掉的部分，然後埋入其他木頭進行修復的痕跡。這隨著時代的變化而變化。一根柱子上埋著各個時代的木頭。飛鳥時代的創建，奈良、平安，然後是鎌倉、室町、戰國、江戶，甚至是明治、大正、昭和，都有各種規模的修復痕跡，有那個時代的技術，當時流行的造型。在展示修復痕跡的解釋中，我不停地按下「了解！」

此外，修復的方式也反映出法隆寺在那個時代被重視的情況。有被重視的年代，也有被忽視的時代。在支持法隆寺的人群中，有留下大量痕跡的政治家，也有無名的慈善家。嗯，這不是很有趣嗎？

是怎樣的魅力讓人如此著迷呢？

「東大寺有大佛，奈良公園有鹿，興福寺有彌勒菩薩、阿修羅像，大家即使只是在修學旅行的時候去過，也都留下了印象吧。但是法隆寺呢？啊，是聖德太子的？只有這樣，卻不記得看了什麼，這就是法隆寺。到底有什麼了不起的，我一一為你們說明吧。」法隆寺君說。

為什麼有畫出弧形的樑呢？中央變粗的柱子的祕密是什麼呢？中門上站著的「阿像」和「吽像」的不同，不同的原因，以及五重塔裡塑像（塔本四面具，國寶）的解說等等，都讓人驚嘆不已。

「就算花八個小時，每週都來，十幾年都這樣著迷，還是有無盡的魅力。」法隆寺君這樣說。我只是得到了他的一點點知識，也覺得這裡的魅力，我好像懂了。心裡為他鼓掌。

最後的景點，是站在鏡池前，看著小學生都知道的正岡子規的句碑「吃柿子時，就聽到了法隆寺的鐘聲」（柿食えば鐘が鳴るなり法隆寺），聽法隆寺君說：「其實，有一說是正岡子規可能沒有到過法隆寺，當時他的病情已經很嚴重了，來不了，他聽到的鐘聲可能是東大寺的。」

說完了所有的解說，法隆寺君最後還分發自己製作的印刷品，上面寫著法隆寺的寶物館「大寶藏院」的看點。這樣，就算沒有法隆寺君，也可以自己慢慢欣賞了。啊，多麼體貼的舉動。

不只是「百濟觀音」和「玉蟲櫃子」，還有被燒毀，只剩下一部分保存在倉庫裡的世界三大壁畫「金堂壁畫」（的複製品）等等，都是不能錯過的，甚至還告訴我們，百濟觀音放置的玻璃櫃體非常透明，是特別訂製的，價格非常昂貴這種事情。

這個櫃子，其實是為了把百濟觀音送到東京國立博物館而特別訂製，但因為新冠疫情，展覽被取消了，所以現在放在這裡。事實上，這個玻璃櫃子衝擊性的透明度，是我最感動的地方（喂！）。

🚃學習了佛像的觀賞方法後，來去欣賞佛像

一個人旅行自由自在，但也要不斷做決定。如果自己無法下決定，就無法繼續前進。那麼，結束了非常滿意的法隆寺之旅後，還有半天的時間，在晚上之前要去哪裡呢？

一開始，我想因為是一個人，而且奈良的寺廟都相距很遠，就放棄了奈良的遊覽打算，想說在回京都的火車上順便去宇治的平等院附近逛逛。但是，在旅行團中，法隆寺君教的「佛像的觀賞方法」，讓我突然很想去看佛像！能夠馬上改變目的地，也是一個人旅行的特權。

不好意思，我只是借用別人的知識，再次簡單地解釋一下佛像的觀賞方法。

首先，飛鳥時代，最初是以銅製的佛像為多。據說是因為從唐朝乘船過來，要花幾個月的時間，能夠平安到達的只有堅固的銅像。

於是日本也嘗試用銅來製作，但是日本沒有那麼多的銅。接著，接受了渡來人⑩的建議「用土來做？在故鄉是用土的」，就以土製（泥、黏土等）也就是塑像為主流。先做木架，纏上繩子，塗上黏土來製作。因為柔軟而且容易加工，所以表情也容易製作，修復也

容易，材料也便宜而且容易取得，所以製作了很多。

但是，在大陸和朝鮮半島不會腐敗的土，在潮濕的日本會有腐敗的情況，漸漸發現不太耐久。而且也很重。

於是，就用漆來製作像紙糊一樣的脫活乾漆造[11]的佛像。在乾漆造中，脫活乾漆造是用木頭和黏土做原型，然後在上面重疊麻布和漆，最後把當作芯的原型拔出來製作的佛像。非常輕，而且漆讓它光滑而美麗，表情也能細緻地製作，所以在奈良時代後期這種方式非常盛行。

但是漆也很貴，而且很麻煩，所以平安時代以後，漸漸地以木雕為主流。一開始是從

---

⑩渡來人：指在日本古代來自外國的人，尤其是以來自中國或朝鮮半島的人為主。在歷史上，這些來自外國的人可能是外交使節、僧侶、學者、商人等。他們的到來對日本的政治、文化、宗教等方面都有一定的影響。

⑪乾漆造：是一種古代日本的工藝技術，也稱為「乾漆」。這種技術是指使用漆（即樹脂）來裝飾木製器物，並透過反覆塗抹、打磨和加熱來形成漆質的表面。這種技術常用於製作家具、飾品以及建築裝飾等。這種漆製品通常具有光澤度高、堅固耐用的特點。

一根木頭削出來，但是漸漸地變成分開製作然後組合的寄木造。一眼看去是同樣的木製，但是繞一圈看，就能看出是從一根木頭製作的，還是寄木的。之後，到了鎌倉時代，「想讓眼睛濕潤起來」，就開始在眼睛裡放水晶了。

學到這裡，就會想要親眼確認吧？好奇心油然而生。東大寺和興福寺都有收藏很多寶物的博物館，聽到這裡，就只有去了。

前往東大寺博物館

好吧！首先是東大寺。從JR奈良站出發，把行李放在儲物櫃裡，為了節省時間而乘坐計程車。

當我告訴女司機要去東大寺時，她提出了一個很棒的建議：「您去過二月堂嗎？如果可以的話，因為它在坡上，您可以先去二月堂，然後再下來嗎？」

哦，二月堂不就是參加「取水儀式」[12]十一嗎？因為我沒去過，所以首先去了國寶二月堂（大約一千日圓的計程車費）。

它看起來像清水寺，不，到底哪個先來呢？現在的建築似乎是在江戶時代重新建造的……我一邊想著，一邊俯瞰著奈良公園。從這裡到東大寺只能步行。但無論如何，這裡真的很大。首先朝著大佛殿前進，向大佛打個招呼。然後，作為一個想看佛像的人，毫不猶豫地去了東大寺博物館。這裡是新蓋的，廁所也很乾淨，可以看到很多寶藏。

特別是那些據說是奈良時代製作的超過兩公尺高的佛像，日光菩薩和月光菩薩絕對是必看之物。當然，這兩位都是國寶。哇！這確實是黏土做的，感到有些奇怪。他們的臉上散發著溫和而美麗的光芒。

前往興福寺尋找阿修羅像

老實說，在這一帶我也想要搭乘公車或計程車，但沒有。一邊拍著因疫情只能靠從遊客那裡得到些許食物已顯瘦弱的鹿群們的照片，一邊前往下一個目的地興福寺。為了與我在上野東京國立博物館見過的阿修羅像重逢，我一直努力地走著。

儘管隔壁是興福寺，但感覺距離很遠。我一邊喘氣走著，但這趟旅程還是值得的。到達興福寺的國寶館，真是名副其實的國寶之森。

那個阿修羅像是八部天將之一，其他七位也齊聚一堂。想起之前在上野看到的長龍隊

⑫ 取水儀式：從井水汲取供奉觀音「香水」，於三月十二日深夜（十三日凌晨一點半左右）舉行。

伍，排了好幾個小時，現在感覺非常幸運。四天王立像也在展出中，所以也看到了。

阿修羅像的面容雖然清俊但很溫柔。我發現注意到他的人經常對同伴說：「他的臉好溫柔啊」。因為我是一個人，「嗯，是的，很溫柔。」我在心裡回答。

然而，我感動的不僅僅是他們的面容，而是他們是脫活乾漆製作的！你知道，美麗的彌勒菩薩也在這裡。這位也是脫活乾漆製作的！因為他們的內部是空的，所以大多只有約一百五十公分高，重量也只有十四公斤。所以很輕巧。正因為如此，據說他們能夠逃脫火災等災難一直保存至今。或許是有人輕輕抱著他們逃跑了吧！

哦，這個也是，那個也是，都是脫活乾漆製作的嗎！我一個勁兒地感到高興。就像一個剛剛學會九九乘法口訣的小學生一樣？這種樂趣，這種喜悅，就跟法隆寺君一樣。

這次旅行教會了我如何欣賞佛像，這種樂趣一直持續到今天。後來一個人去了我最喜歡的三十三間堂（京都），發現排列著的佛像眼睛裡有一顆玻璃珠（可能是水晶）。這是從鎌倉時代開始的吧，我感動得顫抖了。

無論如何，一旦看到佛像，從素材、製作方法以及表情等方面，就能大致了解它的年代是非常古老的還是鎌倉時代以後的。我也發現了閱讀佛像相關書籍的樂趣。

此外，我也注意到，若是奈良時代或平安時代以前的佛像，成為國寶的機率相當高！

雖然單純地說，古老並不等於珍寶，但仍然古老代表稀有，所以應該視其為國寶並被珍惜著。

停下來享受絕品湯圓

結果，從早上的導覽活動至此，我走了兩萬四千步。我原以為沿途欣賞綠意濃密、鹿群穿梭和早開的櫻花的道路會使我忘卻疲憊，但事實上我還是感到相當疲倦。我不禁給走了這麼多路程的自己點讚，然後下午五點時，來到了今天第一次休息的地方。

休息地點是「樫舍」。這是一家位於奈良町，和菓子愛好者讚譽有加的和菓子店，一直想去一次。

這一天我點了紅豆湯圓。小紅豆煮過後，再沾上冰糖糖漿製成。口感清爽毫無雜味。這份小紅豆泥裡有三種不同的湯圓。店裡到處都是熱愛和菓子的女性，環境非常舒適。我也買了乾果作為送給和菓子愛好者朋友的禮物。

在夕陽映照下的奈良城，我朝著起點ＪＲ奈良站邁進，再努力走一小段路。背後是近鐵奈良站，就在附近。啊，這就是私鐵和ＪＲ站就這樣毫不留情地離得很遠的關西，這怎麼回事啊？我心想著。

甜小紅豆的烹煮方式

小紅豆一煮好，可以製成白玉湯圓、餅子湯圓、湯圓湯、優格或涂抹在吐司上等等，可以嘗試不同的吃法。冷藏可保存四天，冷凍可以保存一個月。

・食譜做法

【食材】

小紅豆……二百克（十一月左右會出現新豆。新豆比較容易煮熟）

水……覆蓋小紅豆的量（比小紅豆高約五公分）

細砂糖……一百二十克

黑糖（粉末）……三十克（與細砂糖混合可以增加香氣）

鹽……一把（約一百八十克）

【做法】

1將小紅豆輕輕洗淨，浸泡在水中一夜。丟棄浸泡過的水，重新加水，中火加熱。水滾後，用湯匙從底部攪拌一下，轉小火煮約一～二小時。繼續添加水以保持湯水充足。捏起一顆小紅豆，確保它們都能輕鬆地用手指擠爛，直到它們軟爛。

2將煮好的湯汁舀出一些備用（這些湯汁可以喝，也可以用來煮粥。在台灣，這些湯汁被稱為小紅豆茶，被認為對女性有益，能夠消腫）。

3在小紅豆鍋中，加入細砂糖、黑糖和鹽，中火加熱，砂糖大致溶化後熄火，讓其冷卻。最後在冰箱中冷藏。

果然是購物天堂——大阪

我曾經在紐約住了一年。當我提到這件事時，可能會被認為「哇，你應該會說英文吧！」但實際上並不是這樣，我過著相當寡言的日子。

儘管如此，我也開始模仿「說好話」這一點。紐約到處都有人稱讚地說出美味、漂亮、可愛、開心、謝謝等積極的詞語。

有一天，我在等紅綠燈的時候，一位時髦的女士對我說：「你的鞋子真可愛，是在這裡買的嗎？」我回答說：「嗯？這個？謝謝，是在曼谷買的。嘿嘿。」她說：「很棒呀！你的選擇真好。」

另一天，在一家名叫布魯明黛（Bloomingdale's）的百貨公司，收銀員對我說：「你今天的搭配真棒！」我走著走著，高興地回應道：「耶耶！謝謝～」

在試衣間裡，我試穿了兩條裙子，同時試衣間裡的另一位顧客對我說：「絕對是那條深藍色的，非常適合你，太棒了！」當然，我很開心地選擇了深藍色。

是的，有無數次，陌生人會對我說話，稱讚我一些微不足道的事情。即使現在回想起來，我還是會覺得很開心。這是我在日本（東京）從未有過的經歷。我心想，哇，紐約真不錯！同時又意識到，噢，原來日本也有這樣的地方。

那就是大阪。

大阪和紐約很相似。我在紐約的時候一直這樣想著。

「有夠早捏～」她說

這是我第一次獨自去大阪的時候。那天剛好是月初，我穿著新買的大衣，很高興地站在梅田站上行的自動扶梯上。突然，我旁邊的下行扶梯上走下來兩位婦人。

「不管怎麼說現在穿都有夠早捏～但還是好東西，哈哈。」「很適合妳唷。」啊？啊啊？難道是在說我？是在說我的這件厚厚的羊毛斜紋大衣嗎？

在這瞬間的誤會中，我爆笑了。這完全是事實，其實只要套件薄薄的風衣也就行了啊，還是太早穿羊毛呢外套了呀，我爆笑出來。本來對第一次獨自去大阪感到不安，但突然之間就開心起來了。

雖然這不是一個正向的詞語，但一點惡意也沒有，總之，真是有趣呀。

特產就是結尾笑點，讓人輕鬆一笑非常重要

我的朋友當中有位大阪女孩，在搬到東京一個月後就得了胃潰瘍。她說：「從家裡到車站，甚至到工作地點，東京人都不跟任何人說話嗎？每個人的臉都看起來很嚇人。這不行呀～」而在她的故鄉大阪，大家總是會不自覺地說出心裡話，而且互相交談。她認為這樣很好，因為讓人感到安心。

先生因為雙親調職的緣故，從關西搬到東京時，也曾經被東京的小學生輕聲抱怨過：「你真隨便。」

在我的故鄉九州長崎也是如此，心裡一想到什麼就會脫口而出的人很多。如果有遇到困難的遊客，很多人也都會率先伸出援手。跟大阪有許多相通之處。

而且，大阪的特產似乎就像是笑話的結尾笑點一樣。我總覺得人們總是期待一個輕鬆愉快的結局。這種感覺或許也與那種輕鬆自在的氛圍有關。當我在大阪時，被告知「人生不必太嚴肅」，我就感到放心了（這是個人的感想）。

不過，大都市的景點並不是很多。所以我在大阪時幾乎沒有觀光過。就是一個人一路吃飯、散步，然後去購物。

我最喜歡的百貨公司，阪急梅田本店

為什麼在大阪購物呢？總之，因為在這裡購物非常方便。在過去幾年裡，除了網購以外，我的洋裝有七成是在大阪買的。

在大阪，看看大家現在都穿什麼服裝呢？鞋子呢？流行的東西梭巡起來也很有趣。我發現，即使在同一家百貨公司，東京和大阪的商品陳列也不同。

在東京，我稱之為「基本色（米色、白色、深藍色、黑色）」的，典雅且穩重的經典風格占主導地位。無論是衣服、餐具、鍋具，還是點心和麵包，也許都是如此。

而在大阪，我感覺到更多的是華麗和趣味性。我聽說，即使是世界知名品牌，比如Prada和Céline，產品構成也不同。

即使是日本品牌，我也覺得，推薦的款式在東西兩地也有所不同。大阪更傾向華麗，但不只是單純的花俏，更加強調時尚感和原創性，也許這正是符合我的喜好的原因。此外，在東京，有些店似乎會令我心生畏懼，不太敢進去。但在大阪，我從未有過這樣的感受。

有一次，我一個人在我最喜歡的阪急梅田本店逛著。當我準備搭手扶梯時，突然看到一件深藍色搭配鮮豔粉紅色的漂亮開襟衫。

我被它吸引住了，但是啊，仔細一看，那是Céline。我想著不可能買得起，正準備離開時，竟然有人提議要我試穿！

「嘿嘿，好可愛喔，你可以試穿看看喔～」這真是太意外了。

「噢不不不……絕對買不起啦～」我坦率地回應。

「反正現在店裡沒什麼人，試穿一下也沒關係啦，只是試穿而已嘛。」真是太友善了。即使這是某種戰略，也達到了神級的親切感。是的，試穿一下，也許會有新的感受，也許會開始積極購買這件開襟衫。

那天，我因為覺得太不好意思而沒有試穿，但我還是走進了平常會忽略的店鋪，並且很開心地了解當季Céline的吸引力，大飽眼福。當然，更不用說我也成為了阪急梅田本店的忠實的粉絲。

總之，如果獨自一人去大阪，我經常會去阪急。即使是在東京也能買到的東西，我也會特意在這裡購買。

有一次，在試衣間試穿衣服時，旁邊的陌生顧客對我說：「看起來真是太適合你了呀，那是在哪兒買的？」就熱火朝天談論起來。化妝品櫃台的賣場也不可怕，也推薦大家去逛逛。

旅行的早晨是寶藏。尤其在大阪，早晨格外美好

隨著年齡增長，我開始認為旅行中的「早晨是個寶藏」。早晨，在城市開始活動之前，是只有當地居民才能擁有的時間。

特別是在大阪，晴朗的早晨最為美好。曾經有一部以「早上來了」為標題，以大阪為背景的NHK晨間連續劇。在那部劇中，大阪市中心，包括日本銀行、證券交易所以及中洲的中之島圖書館一帶，在晴朗的早晨非常適合慢跑。

大阪是一座河岸城市。從琵琶湖流出的唯一河流是淀川。雖然有許多支流，但主要分為北側的「堂島川」和南側的「土佐堀川」，中間是中之島。這座名為淀屋橋的橋梁是在江戶時代由當地的豪商「淀屋」先生自費修建的，因此得名為「淀屋橋」，真是非常了不起。

我推薦的跑步路線是從淀屋橋開始。從中之島的中洲下來，一路沿著大阪市中央公會

堂的遊步道跑下去→穿過難波橋，經過中之島公園的玫瑰園→從中之島公園經天神橋（類似螺旋天橋的地方）→離開中洲，沿著河岸往北濱車站方向返回→看著難波橋右手邊的獅子雕像，左手邊的大阪證券交易所和五代友厚的雕像，再回到淀屋橋。

這條路線周圍的建築也很棒，每座橋的設計都各不相同，每次都有新的發現。當然，你也可以步行享受。

途中，我推薦你繞去看看中央公會堂附近被稱為「水晶橋」的美麗橋梁。這座橋底部的大阪府立中之島圖書館也是我喜歡的建築。跑步後，再次在中午左右前去，靜靜地放鬆一下也是不錯的選擇。

於二〇二二年春天開業的「大阪中之島美術館」，我打算在晨跑時先去看看特展，如果被吸引，之後再慢慢參觀。聽說日本畫家中我最喜歡的佐伯祐三（出生於大阪市北區）有約六十多幅作品，我非常期待！這使我在大阪找到了新的旅行目的地。

淀屋橋北側，中之島的「日本銀行大阪支店」是由設計了日本銀行本店和東京丸之內車站等建築的辰野金吾先生所設計的。

這一區是辦公大樓。在清晨的街道上，充滿了新的一天開始的積極氛圍。

沿著御堂筋由北往南跑

沿著大阪市中心的御堂筋跑步路線也是一個不錯的選擇。兩側種滿了樹木，人行道也很寬敞，適合跑步的環境很有吸引力。各處都有長凳和雕塑，看看它們也很有趣。雖然有六線道，但都是單向行駛，這也很好。

正如同〈從梅田到難波〉這首名曲的標題，從北部的梅田到南部的難波是長跑的路線。途中可能會離開御堂筋，走進船場的拱廊商店街（那裡有優質且價格實惠的和服配件），或者根據興致隨意走進一條街道，然後再返回。當我意識到時，人已經開啟了獨自的大阪之旅了。

如果感覺身體沉重或疲憊，不妨找一家看起來可以身穿跑步服進去的咖啡館或喫茶店。我覺得在大阪，即使是滿身大汗也可以進去的地方很多。

無論吃什麼都不會錯

我覺得在大阪，只有美味的店才能生存下去。

東京的一些餐廳可能因為夜景美麗、內部裝潢華麗、菜色精緻，或是由人氣模特兒開設、位於熱門建築物內等因素而座無虛席，但在大阪似乎不太會發生（我這麼認為）。美味，加上價格適中，這是最重要的。

總而言之，稍微粗略地說，只要是本地資本的，最好是個人經營的店鋪，而且經營了幾年以上的店，無論進哪家都不會讓人失望。就像是沒有厄運的籤詩一樣。

無論是平凡的定食店、烏龍麵店、關東煮店，或是提供輕食的咖啡店等，這些店可以在任何你喜歡的時間進去用餐，而且也很容易一個人去。

有一個地方叫做「新梅田美食街」（我特意用「街」來稱呼）。位於梅田，也就是大阪站附近，就在梅田阪急百貨的旁邊，是一個充滿昭和風情的餐廳街。有站立式炸串店、關東煮店、燒烤店，燒餅、章魚燒，還有神祕的冰淇淋店等等，擺滿了一排。

每家店裡都有人是獨自前去，就算是不擅長一個人吃飯的我，也能輕鬆地進去，而且更意想不到的是，你甚至可以在幾家店之間來回串，建議傍晚時分早點前往。

在大阪，有一種叫做「割烹」⑬的日式料理方式，這對獨自一人用餐來說非常方便。你可以在吧檯上享用到一些平時很難一個人品嚐的正宗日式料理。

百貨公司地下街也是天堂～梅田三個姊妹！

如果你覺得一個人進店很孤單，那就去百貨公司地下街吧。簡直是豐富無比。百貨公司地下街，絕對不是一個讓落單女性感到突兀的地方。大多數在這裡購物的人都是女性，而且大多是一個人來。特別是阪神梅田本店、阪急梅田本店和大丸梅田店的「梅田三姊妹」（我這麼叫它們），位於大阪站附近，幾乎是相鄰的，可以輕鬆地逛一圈，消磨掉半天快樂時光。啊，真想去。

果然在大阪，百貨公司地下街的商品既不太貴品質又高，你會想買一些當季水果，甚至想買一些東京也有的東西。在阪急梅田本店，你可以找到一個突然出現的一百日圓麵包區，讓人感到舒適愉快。當然，他們也有各種葡萄酒和日本酒。

---

⑬ 割烹：「かっぽう（kappou）」，日本高級料理的一種，割烹的「割」是用刀切的意思，「烹」則是指用火煮熟，是日本傳統的調理方法。割烹的特徵是以吧檯和餐桌為中心的開放式廚房，師傅配合客人需求喜好量身訂做菜餚，而客人也能一邊欣賞師傅做菜一邊享受美食。

有一個夏天的日子，我因公出差而順延住宿，變成了獨自一人。吃了一頓稍微晚點的午餐後，開始考慮晚餐。我還不是很餓。想去酒吧嗎？不，我有點累了，沒有那個勇氣。於是我來到阪神梅田本店的地下街。由於阪神的地下街有豐富的海鮮販賣區，所以我常會去逛逛。就在這一天，我與一條熱水燙過閃亮的鱧魚對視。而且還附有醋味噌，我一直盯著它看，直到旁邊一位正在購物的阿姨推了我一把說：「你就直接把它放在盤子上，什麼都不用做，就可以吃了。」於是我買下了它。

接著我走向對面的大丸梅田店，從和田八店鋪的天婦羅（類似關東炸物的一種炸魚）中買了枝豆、鱧片和章魚紫蘇，然後去了隔壁的阪急梅田本店的酒區。

我問了一下，搭配鱧要喝什麼？然後買了大阪北區北庄司酒造店裡三百日圓的酒「夏衣」，帶回旅館。啊，還趁機買了阪急百貨公司版本的「快樂派」鹽奶油，如果吃不完的話就當作伴手禮吧。

這樣一個人，沒有任何壓力地在旅館房間享受了一頓晚餐。中途可以去洗個澡，獨自一人真是自由自在。早點睡覺充充電，明天的早晨就可以活力滿滿地去跑步了。

最後，想介紹一下大阪獨自旅行時我所推薦的店鋪。

單人旅推薦店家

wanna manna（ワナマナ）

在這家台灣風咖啡館裡，早晨可以喝豆漿，也有早餐套餐可供選擇。甚至在晨跑途中也可以去（大概沒問題）。

千とせ本店

這是一家以「肉吸」而知名的店。肉吸是一種牛肉烏龍麵但不含麵條的料理。搭配白飯或是蓋飯一起吃都很好。我是肉吸的愛好者。如果排隊的人只有四、五個那就很幸運了。單人客的比率也較高。距離千日前、道具屋街也很近。

太庵

這是我認為唯一一家可以單人入座的三星米其林餐廳。是一家以吧檯座為主的割烹料理店。老闆夫妻非常親切。屬於三星米其林中比較合理的價位。味道清爽，湯頭非常美味。提前一個月預訂比較好。

靭本町がく
gaku

和食割烹店家，提供任何餐點都很美味。自然派葡萄酒種類豐富。坐在吧檯座，也適合單人用餐。建議預約。

法善寺横丁 Wasabi

由女性主廚打理的現代串炸店，只提供吧檯座位。食材的搭配非常有趣。女性一人也很容易入座。樓上還有一家名為「ＡＷＡ」的香檳酒吧，也很適合單人前往。兩家都以自然派葡萄酒為主。

ヒロカワテーラー
hirokautérâ

這是一家很受歡迎的立飲居酒屋。小吃很獨特。女性單人也可以進去，但迅速乾一杯即走可能更棒。

ゼー六 本町店

這是一家瀰漫著昭和氛圍的咖啡店。這裡的咖啡一定要搭配冰淇淋夾心餅乾。冰淇淋夾心餅乾也可以單獨外帶。

每一步都能發現新魅力——京都之①

為什麼人們想去京都呢？不，應該說為什麼女性會想去呢？

林真理子的直木賞獲獎作品《京都行》（京都まで）的女主角是個三十歲，時髦、在華麗工作場所工作的現代女子（當時是八〇年代）。她遇見了比她年輕的戀人，而且是在京都。在京都是一個重點，因為它給人一種非日常感。如果不是在京都的話，這只是和普通男人之間的普通戀情，但只因為是在京都，那個平凡的他就會變得特別起來。啊，這就是京都啊……

我讀這本書的時候是大學生。嗯嗯，京都的戀情，雖然是遠距離戀愛，但感覺不錯。京都有一種神祕的特別感，一到車站下車的瞬間就會感覺到地面上有個魔物爬上來的感覺，很刺激。

女人總是喜歡特別的感覺。她們想要進入非日常的世界，也許這就是為什麼她們喜歡京都的理由。

所以，一旦超過五十歲，你可能已經去過京都好幾次了吧？我也是。

但是，獨自一人呢？如何？「一人去京都」，聽起來突然有點像在唱演歌的氣氛。在聽著情侶或家人之間快樂交談的同時，一個人在鴨川沿岸散步，那種寂寞感……

不對不對，事實並非如此，最近的我經常是一個人。這樣其實也挺好的。

接納了各種類型遊客的京都，對單獨旅行者也一樣包容。保守地說，這可是我最推薦的，單獨旅行重遊率排名第一。

一旦體驗了隨心所欲獨自漫遊的樂趣，京都就不只是一個神祕而誘人的城市了。它每次都給我帶來新的發現，永遠不會厭倦，永遠有著無盡的魅力。這裡有著獨一無二的東西，我可以一直走下去。

去古董店看古伊萬里瓷器

那一天，天氣非常炎熱。我第三次獨自前往京都，是在八月初，盛夏。在熾熱的白晝，炎熱的空氣中，人影朦朧地看起來像是幽靈，遠處的山看起來像是海市蜃樓。那時是下午兩點。

那家我想去的和風陶瓷古董店，卻發現它竟然正在施工中。據告示所述，店家正在幾個街區以外的另一棟建築中營業。我曾經在雜誌上看到這家店，「主要買賣古伊萬里瓷器，在這個領域裡，沒有不知道它的人。」我一直想去，雖然肯定不會買。不，我是買不起。但只是想看看而已。

我有些迷茫，滿身大汗。但既然來了，我決定鼓起勇氣，至少去另一棟的外面看看。

噢，這是一家多麼美妙的現代町屋⑭。他們很巧妙地保留了昔日町屋的風情。唉，這應該是不行的，感覺進去有點尷尬……當我在猶豫的時候，從裡面走出來一位有氣質的男士。

「請進，請進。如果您要到我們這裡來，我們就在這裡營業，請進吧。現在很熱，請進來吧。」他友善地說道。

在他那種像是海神惠比須一樣溫暖的氛圍和溫柔的話語引領下，我被酷暑的炎熱推動著往裡走。進去後，一位迷人的女士迎接了我。然後我發現，我是唯一的客人，真是令人感動。

那麼古伊萬里是什麼？

雖然非常緊張，但那是另一回事。我喜歡器皿。而且還是在鄰近有田和波佐見附近的長崎旅館之女。我小的時候，有些人會從有田來賣器皿，當器皿擺滿房間時，我就坐在一旁，雖然還是個孩子，但已經會自己選擇喜歡的器皿了。

因此，既然難得有機會進來看，我就盯著那些了不起的古伊萬里。

所謂的古伊萬里，是指古老的伊萬里燒。據說主要是在江戶時代肥前地區（現在的佐賀縣和長崎縣一帶）製造的所有瓷器。由於這一地區的有田燒、波佐見燒、三川內燒等產品都是從伊萬里港出口的，所以總體上被稱為伊萬里燒。

這些古伊萬里，現在在京都一家以鑑定聞名的店裡，整齊地排列在我面前。無法不感到緊張，但我想看，想去觸摸。畢竟有田和波佐見的瓷器之美令人難以抗拒，因此想要去觸摸。不知不覺地，我陷入了片刻的全神貫注中。

---

⑭町屋：通常有著前庭、庭院和多個房間，用於居住、工作和儲藏。這種住宅形式在日本歷史悠久，是日本城鎮文化的一部分。

進入店內更深處～意外得知的京都伴手禮

我驚訝地回過神來，準備離開時，「啊，謝謝您讓我看到這麼棒的東西，非常感謝。」我謙卑地低下頭，老闆娘說：「要不要來點茶？反正也不急著走，天氣這麼熱，來吧。」

雖然我心裡在說「嘿嘿，不行啦，我絕對買不起，就算這只是件T恤」，但儘管如此，我嘴裡說著「哎呀，對不起，不不，沒關係的，謝謝您」，然後發現自己已經坐下來了。

一張中世紀的圓桌旁邊，有著芬蘭設計師阿爾瓦・阿爾托（Alvar Aalto）的椅子。老闆娘端來的是用自製的梅子糖漿做成的氣泡飲料。啊，這是什麼……運氣？

於是她問道：「你是來旅遊的嗎？」我回答說我是一個人旅行，然後她告訴我一些她喜歡的店家，其中令人印象深刻的是有關竹筷子的故事。

約一年前，他們全家人將所有筷子都換成了竹筷子。不再區分誰用哪把筷子，每個人都使用相同的國產竹製的細長筷子。每餐都使用同一對筷子，從磨損的更換到新的，再次換成同樣的竹製筷子。

令人意想不到的是，原本有挑食習慣的孩子也開始吃東西！

「我自己也不禁想著，竟然筷子可以如此影響？我自己也不知道。即使妻子說料理沒有改變，我也覺得很奇怪。總之，連米飯都變得好吃起來。雖然我覺得有點尷尬，但我重新認識到筷子的重要性。」丈夫說。太太也靜靜地微笑著點頭。

不過最近，中國和越南也開始生產類似的東西，所以必須找到國產竹製的，他說。因此，我問道：「請問您是在哪裡購買的？」她告訴我是位於三條大道上的「竹松」商店。

當然，我沒有買古伊萬里（買不起）。喝光了梅子糖漿，沒有交換名字，就帶著享受和幸福的時光離開了店鋪。

可怕的筷子之力

我立刻走向竹松先生的店鋪。「雖然不時髦，但是是位竹匠唷」，正如他說的那樣，去了之後，哎呀，竟是這裡？我心想，原來是個樸素的小店（對不起）。

那天我試著買了他教導我挑選的筷子，一共兩雙，一雙是給我的另一半。那些筷子的尖端很細，輕巧，非常漂亮的竹筷，一雙大約一千五百日圓。

提起竹筷，我以前常在京都買菜筷。菜筷是一種普通長度，尖端非常細的筷子。因此，無論是切成絲狀的紫蘇還是切成線狀的削（用於壽司等的蘿蔔絲），都可以輕鬆地擺放。甚至可以挾起米粒。竹松先生也有這種筷子，我也一併購買。

我從以前就不喜歡用免洗筷子吃飯，我一直覺得飯會不好吃。筷子的影響力無疑是巨大的。因此，多了一個令人期待的京都土產名單，我確信這將是美味的助力。

回家後，我一邊和先生說著這個故事，一邊用新的竹筷吃飯。驚訝地發現，新的筷子送到嘴裡非常舒服，泡菜、漬物、漢堡包，所有東西都好吃起來。尤其是白米顯得粒粒分明，閃閃發光，讓人心生珍惜之情。

從那以後，我們就和以前的塗料筷子說再見了，家裡只用竹松先生的竹筷。一共有四雙，也就是說有八根一樣的筷子。這就是我們的筷子。甚至連客人用的筷子也全部換成了這種。

總有一天，我想去感謝他們。如果能遇到稱心如意的一件東西，我也想努力把古伊萬里帶回家。

從那之後，我經常去竹松先生那裡買竹筷。此外，在京都還有幾家店，我一定會去尋找家裡長年使用的東西。雖然並不是所有的東西都只能在京都買到，但是去京都的總店，款式豐富，而且最重要的是很有趣。茶葉、白味噌、味醂醃製品，還有和菓子。

上生菓子的壽命只有一天或兩天。在京都停留期間，有時早上在飯店享用，有時則拿回家當作喝茶的伴手禮。上生菓子根據店家的理解，將季節的美好凝聚其中。我會在接下來介紹的四家店裡享受其中。

・蓬萊堂茶鋪

我買蓬萊茶已經二十年了。蓬萊茶是一種類似玄米茶的茶。基礎的煎茶非常美味，新鮮的糯米香是點睛之筆，讓人覺得以前的玄米茶到底是什麼味道。位於寺町京極商店街的拱頂內。我除了茶葉之外，也期待店主每個季節會講的有趣的京都小故事。

・柳櫻園茶舖

不管是在代官山的料理教室，或是在自己家裡，我都會購買一種叫做「香悅」的炒茶。你也可以打電話訂購並寄送，但我更喜歡親自去店裡，店主會為你泡一杯茶。帶有榻榻米的座位讓人感到舒適。如果是星期六，週末限定的炭火炒茶是只能在這裡購買的限定款。周圍的地區有老店和新店交錯，是一個很有趣的地方。順便提一句，一保堂的總店也在附近。你也可以在那裡買到京番茶。

・四寅

這是一家在錦市場販售京都蔬菜的雜貨店。他們也供應京都蔬菜和水果給東京的三星餐廳。我來這裡是為了購買他們的山利白味噌。這款味噌的味道如此迷人，冷凍後甚至可以直接當作雪酪食用，我已經對它忠誠了二十五年。因為易腐敗，我通常會留到最後一天才買。如果那天有我喜歡的京都蔬菜，也會一併購買。值得一提的是，山利白味噌也可以在錦市場另一家名為「麩嘉」的店裡買到。

・ぎぼし（gibosi）

這是一家距離京都四條河原町和錦市場都很近的店，是一家聞名的昆布店。然而，我通常買的是海帶佃煮和不甜的炸海帶等。

・田中長奈良漬店

這家奈良漬店創立於江戶時代末期，但他們的招牌菜「味醂漬」香氣濃郁，味道柔和，比一般的奈良漬風味更佳。二十多年來，冰箱裡總是備著。其中富含大量的味醂醋渣，我也會活用，將魚片或薄豬肉片浸泡後烤或煎煮。這家店在東京的百貨公司也有分店，但是本店的選擇更豐富，也有限定商品。值得一提的是，我最喜歡的是西瓜味的味醂漬，第二名是葫蘆。

上生菓子的四家店

・嘯月

這家店位於住宅區，必須在前一天預約才能購買。這樣做是為了將新鮮的產品交給顧客。這種方式一直保持不變。

・塩芳軒

這是位於西陣的老字號店鋪。店面也相當漂亮。他們的烤點心「聚樂」以其樸實的風味而聞名，也非常適合作為伴手禮。而著名的羊羹「夜之梅」也是我喜愛的產品之一。

・聚洸

我的和菓子愛好者的朋友所介紹，塩芳軒老闆的兒子開設的店鋪。這裡只有上生菓子。我非常喜歡它們掌握得恰到好處的甜度。附近的大德寺聚光院是千利休的菩提寺，也是三千家的墓地，歷代家元的繼承儀式也在此舉行。可以當天致電預約。

・末富

從早晨開始營業（請確認時間）。他們在東京的高島屋有分店，在京都的百貨公司也有。但是，如果你有機會，上生菓子還是應該在本店購買。尤其是他們的包裝紙令人心動，鮮豔的水藍色非常迷人。

推薦住宿地區和步行方式——京都之②

自從我獨自一人去過京都之後，就開始四處散步遊走，並且越來越喜歡京都了。

我想要推薦大家先做的是，在出發前甚至在新幹線上，認真地花三十分鐘看一下京都主要區域的地圖。即使模糊地把握住全貌，也能讓散步更輕鬆。

順便在網上用「京都地圖舊平安京」這個關鍵詞搜尋一下，會發現一些有趣的事情。現在我們遊客所走的路線，主要部分幾乎就是古代的平安京。棋盤般的布局幾乎保留不變。可能是因為當時就是個只能步行的都市中心，從一端走到另一端，也就大約五公里。會發現京都的大小剛好適合步行。

為什麼步行這麼有趣呢？

大多數地區，從主要大街進入一條小巷，你會看到普通住宅、公寓、老店、新潮的店鋪、當地人店、遊客店、酒店、超市、便利商店，甚至是寺廟、神社都混合在一起。運氣好的話，河流也穿梭其中。

即使是熱門的旅遊景點，也是一個地方城市，所以每條街上都散布著許多非大型資本的個人小商店，不管你走到哪裡，每次都會有新的發現。在想著是做什麼生意呢？就這樣隨意地步行，一萬步也會很快地就愉快度過了。

在百貨公司等大型連鎖店很多的鬧區，比如四條河原町一帶，我認為這裡是繁忙的京都市中心。但對於像我們這樣的外地人來說，因為這是全國各地都有的店鋪，所以即使逛著也不太有趣，這是我最近的感受。在和朋友一起坐計程車移動或去高級餐廳的旅行中，我們有時會選擇在這種區域住宿，但獨自一人旅遊時，我會選擇住在其他區域。還有一個理由是因為這裡是市中心繁華鬧區，新穎且價格合理的旅館也比較少。

京都街道地圖

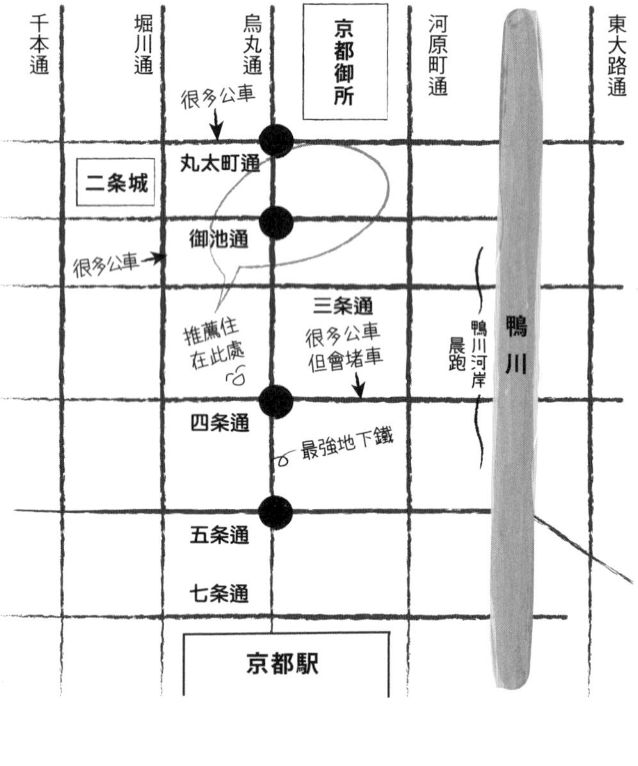
千本通
堀川通
烏丸通
京都御所
河原町通
東大路通
很多公車
丸太町通
二条城
御池通
很多公車
三条通
推薦住
在此處
很多公車
但會堵車
鴨川河岸
晨跑
鴨川
四条通
最強地下鐵
五条通
七条通
京都駅

住宿地點選擇在烏丸御池或烏丸線丸太町附近

近來獨自旅行時常住在地鐵的烏丸御池站和丸太町站附近。在這本書中，我多次強調「獨自旅行盡量使用公共交通工具！」這兩個站附近不僅地鐵交通便利，乘坐公車也很方便。另外，由於距離市中心稍微遠一點，我認為這裡有許多新穎且價格合理的旅館。

請參考下一頁的圖示。簡單來說，旅客可能前往的京都街道如下圖所示。其中，橫貫的御池通和縱貫的烏丸通底下通過了地鐵。可以直達京都站的是縱貫的烏丸通上的烏丸線。對於旅人來說是最方便的地鐵。

此外，因公車的路線很多，所以東西橫貫的四條通和丸太町通經常被使用。南北縱貫的則是河原町通和堀川通。

換句話說，如果要像生活一樣在京都四處走動，掌握公車和地鐵，最好選擇公車經過頻繁且地鐵經過的路口附近。實際上，我住在這附近時，基本上是靠步行、公車和地鐵來移動。

烏丸線不僅去京都站很方便，回程也是一條線到底。最後一天，把行李寄存在飯店，外出時只需回到京都站搭乘地鐵，非常便利。因為沒有交通堵塞，所以時間也可掌握。

此外，烏丸線還可以通過京都站前往竹田站，然後連接近鐵線。可以輕鬆前往宇治或奈良。

可方便地將奈良納入行動範圍

在上一次的京都獨自旅行中，我住在烏丸線丸太町站六號出口直達的新飯店「凱悅京都」。一樓設有免費的咖啡機和可工作的空間（相當寬敞）。雖然每晚大約一萬日圓，但房間很大，非常乾淨，住宿體驗非常好。床鋪舒適極了！

在三天的行程中，我花了一天的時間，從地鐵轉乘近鐵，前往宇治的平等院。

順帶一提，以圓形硬幣聞名的宇治平等院鳳凰堂採取了小團體觀光的方式，門票價格為三百日圓，有專業的導遊細心地帶領。多虧了他們，我近距離觀賞到被公認為是天才的定朝⑮的唯一佛像作品。

別忘了參觀平等院博物館鳳翔館。除了屋頂上裝飾著讓人不由得想起手塚治虫的火之鳥的鳳凰外，還可以近距離觀看鳳凰堂內壁畫上很多乘雲而行的菩薩像。

他們充滿慈愛的表情，太可愛了！在解說中，我得知「當人即將離開人世時，最想見到的人會以菩薩的形象出現，在他們面前舞動，這就是他們的模樣」，這讓我感到非常感激，讓我不再害怕死亡，感動得有些想哭。

接著從那裡輕鬆地乘坐近鐵和地鐵回到京都市區，真是方便。這比地圖上的想像更加便利。

掌握京都的公車系統

如果能夠熟練地使用公車，你會有一種成為這個城市居民的感覺。特別是在京都，儘管有地鐵，但主要的公共交通工具是公車。在谷歌地圖上搜尋目的地，它會告訴你應該搭乘哪一路公車。與東京不同，有時會有多個前往目的地的路線，這很混亂，但京都通常只有公車作為選擇，所以簡單明瞭。而且，作為一個旅遊城市，公車站牌的標示非常友好。它甚至告訴你還有多少時間公車會到達。

---

⑮定朝：西元十一世紀，平安時代中期的佛師（佛像雕刻師）定朝（ていじょう）發展並完善了「寄木造」（意即將數根木材鉚接製作），這是一種透過拼合多塊木頭來製作雕像主要部分（如頭部、軀幹以及腿）的技術。定朝也是此後日本佛教雕塑三個流派，圓派、院派以及慶派的鼻祖。但是，現存被認為是定朝作品的僅有平等院鳳凰堂供奉的木製阿彌陀如來坐像。（維基百科）

如果事先大致了解地圖，你就能夠從目的地東邊或南邊的大街下車然後步行，這對於方向感不好的我來說也能做到。這樣的步行肯定會給你帶來新的發現，這就是京都。

此外，還需要開拓一個人可以進入的餐廳。是的，京都也非常友好。我會在這裡附上讓我感到愉快的用餐場所和飯店等信息。

推薦合適的單人用餐店家

· NISHITOMIYA（西富宮）

這裡供應天然葡萄酒和招牌的炸薯餅，還有豐富的蔬菜小菜。有不少獨自一人的女客。店員們也非常友好。非常推薦午餐和可以外帶的麵包。

· 烤肉、麵包和葡萄酒

烤肉的天才廚師提供的自然派葡萄酒和岸火燒烤，義大利料理的名店。是一人店面，一個人的客人機率很高，可以安心用餐。

・くまのワインハウス（Kumano Winehouse）

距離京都大學吉田寮不遠處的自然派葡萄酒餐廳。菜色有點像法式小餐廳，但也有和式的元素，不會太沉重，讓人感到溫暖。坐在吧檯座也很舒適。輕鬆愉悅的氛圍，反倒是對單人很友好。

・洋食おがた（Youshoku Ogata）

需要預約，單人用餐的話推薦午餐時間來。食材來自日本各地的知名鮮魚店，像是靜岡縣燒津市的 Sasue Maeda 魚店，以及日本各地廚師青睞的滋賀縣 Sakaeya 肉店的肉，這兩者都可以品嚐到。哈亞西（牛肉燉菜）、蛋包飯、咖哩、牛排和炸物都非常美味，可在吧檯座位用餐。

・cenci（チェンチ）

是一家米其林星級的義大利餐廳，吧檯座位僅有四個，即使是單人也可以很享受。

坂本廚師與京都周邊的生產者有著密切的聯繫，他的料理非常出色，而日本葡萄酒和自然派葡萄酒的專家、知識豐富的文屋也提供最佳的葡萄酒選擇。

・Restaurant Koke（科克餐廳）

雖然是一家看起來有些高級且時尚的現代餐廳，但在午餐時段，一個人也可以坐在吧檯位，這裡的吧檯位置是可以看到廚師使用炭火做菜的特等席。

・九時五時

正如其名，這是一家由女性廚師經營的餐廳，營業時間從早上九點到下午五點，但現在似乎根據日期而有所不同，可以透過 Instagram 確認。無法預約，只能前往店內排隊等候。僅供吧檯座位用餐，可以品嚐到自然派葡萄酒和美味的小菜。

・Culotte（キュロット）

這是一家僅接受單人預約的餐廳，基本上所有客人都是單人客。

・Lien Restaurant & Bake（リアン　レストラン＆ベイク）

這是一家可愛的餐廳，就在Culotte的附近。午餐和外帶的麵包和甜點也很不錯。

・志る幸

就在四條河原町附近。因為是採用匚字形圍繞式座位，所以即使是一個人用餐也完全不會覺得奇怪。基本上是以味噌湯和米飯的「利久便當」為主。特別推薦湯料是芋泥！可能需要稍微排隊。

・丹

這是由老字號料亭「和久傳」所推出的副牌。早餐和午餐均可享用。可以在中央的大桌上輕鬆自在地品嚐京都料理，即使是一個人也無須拘束。

・suba（すば）

這是一家有些獨特的立食蕎麥麵店。它結合了關西清爽的湯頭和江戶風格的蕎麥麵。只要有勇氣走進去，因為是站著吃且要提前付款，所以一個人也沒問題。

・石臼蕎麥

這是一家城市裡的定食店。當然，他們的蕎麥麵也很美味。冬天推薦他們的牡蠣飯。

・すし善（susi 善）

超級推薦雞蛋絲底下藏著豐富生魚片的散壽司。第一次光顧時，被遠超預期的美味驚豔到了。由於是吧檯座形式，所以一個人前往也毫無問題。但要注意，營業時間到下午五點左右結束。

・レバノン（rebanoh）料理 汽清水五条

早上和中午營業。在這家舒適的店裡，可以享用到法式師傅做的現代風格黎巴嫩早餐。請提前預約。

咖啡館、酒吧等

・ALKAA（アルカー）

這是位於京都站，而且就在新幹線出口附近的自然派葡萄酒酒吧。一定要在搭乘新幹線之前造訪。他們的可麗露也很美味。一個人晚上用餐可以隨意輕鬆地享受一些開胃小吃。

・WIFE & HUSBAND（ワイファンドハズバンド）

沿著鴨川向北走。他們精心泡煮的咖啡和簡單的吐司讓人感到開心，適合午餐。他們的咖啡包裝也相當可愛。

・菊乃井無碍山房

位於菊乃井旁邊的菊乃井咖啡館。可以品嚐剉冰或冰淇淋！抹茶口味特別出色。

・ブルーボトルコーヒー京都カフェ（Blue Bottle Coffee）

菜單上是普通的藍瓶咖啡，但建築物非常有趣，是京町家風格的翻新物業。夏天有剉冰！

・SONGBIRD COFFEE（鳥之歌咖啡）

我喜歡雞蛋三明治。這家店感覺非常可愛。一定要來這裡品嚐咖啡！

・ともみジェラーto（Tomomi Gelato）

使用當季京都蔬菜和水果的健康美味冰淇淋。讓人感覺身體被淨化了。一定要試試黃瓜和紫蘇等意想不到的組合。就在立食蕎麥店「suba」附近，從四條河原町也可以步行抵達。

・**虎屋菓寮京都一條店**

離皇宮不遠的虎屋咖啡館。虎屋也是京都的本地品牌。也可以參拜庭院中的神社。

推薦給單人旅行者靠近烏丸線地鐵的酒店

・**ハイアットプレイス京都**（HYATT PLACE）

直接連接到丸太町站。整潔無比，清潔力度非常徹底！客房設施採用自助取用的方式，服務非常簡潔舒適。

・**オークウッドホテル京都御池**（Oakwood Hotel）

就在烏丸御池站附近。位置非常好。裝修乾淨整潔，設計舒適寧靜。這裡的服務也非常恰到好處。

悠閒享受著天空、海洋和沖繩手工藝品——沖繩

我在二十多歲時第一次來到沖繩，是來出差。在讀谷村的一家紀念品店裡，我拿起了一個小碟子，感受到它的觸感，於是購買了這個叫做「讀谷山燒」的小碟子。這已經有好幾年了，我非常喜歡，也常常使用它。

每次拿起這個器皿，我都想著，總有一天我要好好再去讀谷村一趟。但是，儘管我去了台灣和泰國，但一直都沒有機會再次來到沖繩。

直到我步入三十多歲的門檻，終於和另一半一起來到了讀谷村。我們參觀陶器工房，遇見了沖繩的手工藝品，讓我的心情興奮起來，胸中充滿熱情，體驗了許多美好的經歷。因為玩得太開心了，所以之後我也常常和喜歡陶器的朋友一起來訪。而後，我得知那霸市也有一些不錯的手工藝品店。

這也許一個人也可以享受吧？有時候會突然非常想念南方的陽光，現在我想，我要一個人悠閒地參觀那霸的手工藝品店。

查了一下，從我家鄉長崎有直達航班，大約一個半小時的飛行時間。我從未坐過長崎以外的地方航班，這個事實就足夠讓我感到心咚咚跳了！

好的，我決定把這次旅行連接到回家的行程中！

那霸的沖繩手工藝品之旅

在沖繩方言中，「やちむん」（Yachimun）是指陶器。那霸市的壺屋陶器街，收集了分散在各地的窯，這始於十七世紀。這裡產生的壺屋陶器，以厚實、圓滑的表面和大膽、奔放的花紋及裝飾為特色。我尤其喜歡大盤子，可以用來盛裝鯛魚湯或幾種素炸食物，然後放在桌子中央，圍坐在一起享用。

最近，我們經常可以看到年輕的陶藝家在傳統的壺屋陶器工房學習後獨立，創作出融合了現代元素的器皿。有些甚至愉悅地打破了以往壺屋陶器的形象。

傳統和新生代的共同特點是，它們都具有堅韌和大膽的品質，以及充滿沖繩特有的溫柔和包容的特質。

據聞，沖繩擁有優質的陶土。這或許是這種陶土獨特性格的體現。

在那霸市內的手工藝品店和畫廊裡，可以看到各種陶藝家的新款壺屋陶器。與參觀窯業場所不同，可以在每個店鋪中找到獨特的選擇，享受與壺屋陶器相遇的樂趣。

以下介紹一些在那霸步行時值得推薦的店鋪。

・GARB DOMINGO（ガーブドミンゴ）

我認為這是代表那霸的手工藝品畫廊。單為了造訪這家店而去那霸也是值得的。不論是兩人旅行還是女子團旅行，必定造訪。無論去多少次，我從未空手離開過這家店，真是家危險的店啊。我特別喜歡佐藤尚理的器皿，特別是無紋的器皿，當我第一次在這裡遇見它們時，感到非常高興，甚至流下了眼淚。它是我家中的C位餐盤。此外，我也在這裡遇見了山田義力、紺野乃芙子和金城宙矛的器皿，它們也成了我家的一部分。我總是一邊看著Instagram，一邊想著，哎呀，我好想去啊。

・tituti（ティトゥティ）

當我第一次去的時候，它在安里（Asato），但現在搬到了離國際通不遠的地方。這是一個有許多陶器店的區域，你可以在幾家店裡看到各種各樣的陶器。在之前的店址裡，我第一次遇見金城有美子的器皿，這讓我開始對新沖繩陶器產生了興趣。它們的大膽色彩、傳統技術和易於搭配的特性讓我覺得它們非常重要。它們的輕盈也很吸引人，非常實用。藍色系列很出名，但我最喜歡的是深綠色和淡檸檬色的碗、很適合搭配泡酒或啤酒的條紋馬克杯。這裡似乎總是有金城有美子的作品在展示。除了器皿，還可以看到各種沖繩手工藝品。

・ふくら舍（fukura）

這是一家位於那霸的獨立劇場「櫻坂劇場」中有著沖繩手工藝品、藝術和書店的地方。據說它的名字是從沖繩婚禮上演奏的〈鍵屋風節〉（かぎやで風節）的第一句歌詞：今日の誇らしや（今日的榮耀／快樂）而來的。這裡有許多陶藝家的作品，沖繩燒陶器豐富多彩，還有吹製玻璃和琉球玻璃。我曾在此對一個大盤子一見鍾情，第一天我無法下定決心，第二天再次去看，在回家之前又去了一次，最終還是帶著它回家了。這是一種只有在獨自旅行時才能體驗到，可以一再回去確認的感覺。

順便說一下，櫻坂劇場也很棒（包括它的歷史），一定要去看看。

・那霸市傳統工藝館，奧原玻璃製造所

從櫻坂劇場往下走就到了。一樓陳列著各種藝術家和工作室的作品，這也是一個選購那霸特產的好地方。在同一建築物中，有一家從創業到現在已經有百年歷史的琉球玻璃老鋪「奧原玻璃製造所」，我去的時候還碰巧看到了工匠們在工作。我曾在東京百貨公司中買了個琉球玻璃水壺，並且一直以來都在使用，所以非常高興。它們的觸感和形狀讓人陶醉。

傳統工藝館旁邊的公園裡，有許多貓懶洋洋地躺著。雖然打擾了這個寧靜的時刻，但我還是拍了很多照片。對不起喔～

再次一個人參加手工藝品之旅時，我發現在半徑三公里範圍內，除了手工藝品之外，還有許多只有在沖繩才能找到的有趣的店鋪。例如，美國懷舊年代的復古器皿店、原創夏威夷裝店、電器店但也售賣阿婆家的豆腐等等。我在那霸的漫步真是太開心了。

在那霸吃什麼呢？

如果有朋友一起的話，可以和當地人一起享受熱鬧的氣氛，這也是在那霸很有趣的地方。但這次我是一個人，在晚上熱鬧到很晚的話就有點不太好。所以我決定好好吃午餐，在離國際通不遠的地方去了一家叫做「ファイダマ」（faidama）的食堂。

當上午經過時，我注意到櫥窗裡賣的有機蔬菜，覺得這是一家很棒的店。我在Instagram上搜尋後，發現了這家店。有人說過到貨就已售完，所以我大約在中午時分去了。

店裡的蔬菜是老闆父親種植的有機蔬菜，所以明白了為什麼這麼好吃。使用的調味料也都對身體很好。

告訴我「faidama」在八重山群島的語言中意思是「貪吃鬼」（食いしん坊）的店主夫妻臉上看起來歲月靜好。桌上擺滿了茂盛健康的月桃，淡淡的香味讓人感到舒緩。

晚上，我稍微走了一段路，去後輩女孩推薦的安里的榮町市場吃餃子。那裡白天是市場，晚上則是飲食店的街區。

店名叫做「べんり屋玉玲瓏」。店裡有像小吃攤位一樣的吧檯和看起來像廟會用來休憩的桌子（這是在讚美），一個人也可以快速吃飯。

這名後輩女孩告訴我，「這是我吃過最好吃的餃子」。

餃子皮又彈又Q，非常好吃。我還看到店家節奏迅速地包著餃子，還以為是按了快速鍵呢！

隨著夜色深沉，周圍變得熱鬧起來。一個當地的大叔開始彈奏放在店裡的三線琴，我發現大家都在唱歌，即使他們可能是陌生人。而且，他們唱的是〈草莓白皮書〉（いちご白書）！

但無論多麼開心，到了十一點三十分我就離開了。從安里到國際通附近是可以走路的距離，但在城市變暗之前我就會回到旅館。

那霸的清晨，從海邊晨跑開始

第二天早上，我跑步到海邊（雖然說過很多次，我是個跑步新手）。從那霸市中心、國際通附近，到最近的海灘「波之上海灘」，大約兩公里。來回跑了四公里。

完全想像不到離城市這麼近的地方，會有個這麼美麗的沙灘。稍事休息，嘗試觸摸一下海水。

然後就到近在隔壁的波上宮。我一路爬上石階，滿身大汗地祈禱，祈求這次獨自在那霸的旅程一切順利。順便一提，這個神社的護身符很可愛。它以沖繩的紅型染[16]為主題設計，我把它掛在托特包上，作為旅行的伴侶。

至於這條跑步路線，也適合散步。途中的福州園是個中式風格、有個漂亮池塘、適合悠閒散步的庭園。從這裡我明白了，和台灣以及我的家鄉長崎一樣，沖繩也有很多人是從福建省一帶遷移而來。

黃昏時分，半似度假

順便說一下旅館，在考慮很多地方後，我選擇了「Hotel Collective」，主要是因為它的便利性，入口面向國際通，晚上也很明亮，加之建築也比較新穎。這裡還有一個小型游泳池。果然是沖繩啊。

如果在一個度假勝地，隻身一人可能會感到孤獨和被注視（那個人，為什麼一個人？），但我覺得在這個游泳池，應該不會有這種感覺，於是就過來了。

下午四點，游泳池裡一個人也沒有。太好了！雖然不是什麼豪華游泳池，但對獨自一人來說非常友好。我沒有帶泳裝，只是把腳浸在水裡，仰望著天空。然後，坐在游泳池畔，享受著遮陽傘的陰影，眺望著半邊的晴空，悠閑地閱讀一本書，那是本在拱廊商店街古書店找到的關於沖繩美食的書。我打算下一次直接從東京過來，悠閒地玩個三天。

---

⑯紅型染：紅型是沖繩的傳統工藝，被認為是琉球王朝時代的十四—十五世紀時所發展出來的一種染色技術，使用版面模子及其他方法製作。通常色澤鮮豔，且一般描繪有魚、水、花等自然主題的各種圖案。

去沖繩旅行時，要不要帶這些書呢？

有些人可能還記得一九七二年沖繩返還[17]的消息。此後，在我們年輕時，進行了縮小美軍基地的縣民公投，新聞節目每天都在報導沖繩特集。像「象之檻」（讀谷村的楚邊通信所[18]）經常在電視上被報導，那是我第一次認識讀谷村。

同時，我們也是被沖繩來的偶像，如安室奈美惠等迷住的一代人。

光是一提到沖繩，就感覺一切都很特別。但我還是有很多不了解的事情，也需要了解的事情，這種感覺至今仍然存在。

所以我去沖繩旅行時，都會帶一本感興趣的沖繩相關書籍。在過去幾年我讀過的書籍中，特別推薦以下幾本書。

《赤腳奔跑在沖繩夜晚街頭的少女們》（裸足で逃げる沖縄の夜の街の少女たち，日本太田

出版）和《獻給海洋》（海をあげる，日本筑摩書房）。這是琉球大學教授上間陽子的著作，她在沖繩出生長大後成為研究員，一直在對沖繩的少女進行訪談。

《赤腳奔跑在沖繩夜晚街頭的少女們》的書腰上寫著「講述沖繩女性受到暴力，逃離並建立自己位置的記錄」。同時也引用了社會學家岸政彥的文章。

「她們既不是可憐，也不是堅強的。這本書中的女性從自己無法選擇的人生中，努力地挑選了最好的方向。對於我們外人來說，這可能只是選擇了一條困難的道路。上間陽子不加評論，只是聽她們說話。現在，輪到我們聽上間陽子敘述。這個城市，這個國家的夜晚，是如此的黑暗。」

岸政彥的《第一次的沖繩》（はじめての沖縄，日本新曜社）也是一本值得推薦的書。雖然標題像是一本旅遊指南，但其實不然。這本書是為了那些已經從觀光客身分畢業，想要

⑰ 沖繩返還：指的是一九七二年五月十五日美國放棄《舊金山和約》第三條規定的所有權利和利益，並將該條涉及的所有領土及其領水（即北緯二十九度以南的日本領土，但已於一九五三年和一九六八年提前歸還日本的部分除外）的一切和任何行政、立法、司法權歸還日本的歷史事件。（維基百科）

⑱ 讀谷村的楚邊通信所：一個直徑約二百公尺、高二十八公尺的巨大籠狀天線，被用作軍事通信的監聽設施。

更深入了解沖繩，更加愛上沖繩的人而寫的。作者雖然不是沖繩出生，卻對沖繩充滿熱愛和渴望理解，但因身分無法成為真正沖繩人的掙扎，令我感同身受。

還有一本書，在這次獨自旅行中，我讀了與那原惠的《我的吃飽飽沖繩料理故事》（わたぶんぶんわたしの「料理沖縄物語」，日本講談社文庫）。「わたぶんぶん」在沖繩方言中是「吃飽了」的意思。

這本書是作者在東京長大後，與父母、親戚和朋友一起吃飯，吃得飽飽的，心中也滿滿的沖繩料理，以溫柔的言語描述的散文。透過料理的人際互動，感受到濃濃溫情。

在市場裡品嚐南方水果

在回家之前，我去了市場。無論去哪裡，我總是會去市場。這次我去了作為農作物流通基地的「農連市場」。

剛好有凱特芒果。這種皮呈紅色且大小適中的芒果，果肉呈濃厚的金黃色，口感緊實，不僅甜而且帶有酸味，這就是我喜歡的原因。

然後是島上的香蕉。這是一種短而粗壯、口感鮮嫩，其他香蕉所不具備的酸味是其特色之一的香蕉。它有彈性且肌理緊實的果肉，種類稱為「芭蕉」。它的價格可能是進口香蕉的兩倍，所以你可能會覺得它很貴，但請把它視為與普通香蕉不同的水果，如果看到的話，請一定要嚐嚐。不過，販賣時它們通常是青色的，如果是這種情況，請等待幾天，直到催熟後再食用。

在市場正前方小型拱廊入口處的上原小店（上原パーラー）是一家神祕而迷人的熟食店，每次來那霸我都會光顧。在回程的飛機上享受這家店的便當。我總覺得在這家店裡，便當價格越便宜，味道就越好，這可能只是我這樣認為。

從東京到那霸約需要三個小時。雖然很難獨自出發，但你可以在家庭旅行之前先去一趟，或在與朋友的旅行之後再留一晚，這樣的獨自旅行也是一個不錯的選擇。蔚藍的海洋和天空，友善的人們，還有可愛的貓。我也一定會再次造訪。

隨母親一起的旅程，參觀美術館和展覽館——金澤

第一次去金澤旅行是和母親一起去的。二〇一五年，當東京可以搭乘新幹線前往金澤時，我和當時在東京的母親一起前往金澤進行三天兩夜旅行。對母親來說是十多年來的第二次金澤之旅，對我來說卻是第一次。這次旅行非常愉快，因此我喜歡上了金澤。

二〇二一年秋天，我獨自一人重返金澤，重新走過之前和母親一起的旅程。當我和母親一起去的時候，新幹線剛通車，金澤非常熱鬧，但這次因為疫情的緣故，金澤變得安靜了。這是我久違的觀光之旅。

我和母親首先參觀了「金澤21世紀美術館」。然後，我們去了「泳池的底部」拍照。我記得母親不知道為什麼討厭走進去，這讓我忍不住笑著回想起來。

21世紀美術館經常舉辦引人入勝的特展，比如我非常喜歡的江口壽史的插畫展（標題

為「她」的企劃展。我當時在金澤時沒有去看，而是在長野看的）。同樣地，我在這裡第一次看到佐賀縣出身、現居美國的畫家池田學，被他的出眾畫技所震撼。對於他那恐怖的完美主義、故事性，我不禁感嘆，原來還有這樣的天才存在。

這次，特展「Feminisms」正在舉行中。這是一個由九位藝術家呈現的企劃展，探討自一九九〇年代以來隨著男女雇用機會均等法和男女共同參與社會基本法等政策制度的完善而興起的女性主義。

女性主義不僅僅是一個特殊的視角，而且是一個無法避免的主題，特別是在現代社會中，當我們開始認識和尊重多元文化、LGBTQ等多樣性時，我重新思索著，不知不覺中已經過了兩個小時。

探訪相逢的展覽館

漫步到廣坂的展覽館「gallery」，這是我和母親曾經訪問過的factory zoomer。factory zoomer是金澤活躍的玻璃藝術家辻和美的工廠品牌，以設計和製作吹製玻璃食器為主。

辻和美的作品非常受歡迎，在東京很難入手。但在這裡，可以看到、觸摸和訂購辻和美的玻璃器皿，並在幾個月後交付。

此外，除了辻和美的作品外，還舉辦了各類創作者的個展和團體展，也可以購買。

我和母親去的時候，買了辻和美的小杯子。當我用手掌握著它時，貼在手上的觸感很好，我不是一見鍾情，而是一摸鍾情了。這杯子我現在還在使用，但不知怎的，總是想用來喝冰涼的水。

在這一天，我還遇到了在和歌山製陶的中本純也的器皿。還有東京很難見到的岩田圭介、井山三希的陶器作品，也是在這裡第一次慢慢欣賞，購買入手。是一家有著「相逢」回憶的店家。

想著我們好像也曾去過長町武家屋敷跡⑲，記憶有點模糊。為了確認，我走進唯一對外開放的「武家屋敷跡野村家」。走進後，我突然記起，有張母親笑著在這庭院旁邊房間裡拍的照片。

覺得差不多該休息了，於是前往近江町市場。來到那裡時，清楚記起我們聊到「這地方讓人想起了過去的長崎築町市場」。

長崎的築町市場，因為長崎大水災的關係，水一直淹到二樓，許多商店無法重建，曾經的熱鬧景象不復存在。我彷彿聽到母親的聲音在身邊響起：「如果沒有那次水災，現在這裡可能會像近江町市場一樣成為一個觀光景點。」或許，只要有想要在一起的心情，我們隨時都可以在一起。

要吃什麼呢？逆著習慣找店家

提到金澤，當然會想到壽司、關東煮，最近也會想到現代西班牙料理或義大利料理的話題店家。

和母親一起去並感到驚嘆的「乙女壽司」，現在已成為難以預訂的熱門店。當時去的「鮨みつ川」，如今以金澤為起點，還有東京和北海道二世古飯館裡也有分店。

兩家店都因為一個人去的門檻太高而作罷（預訂也太難了）。一邊想著希望有天能夠獨自一人坐在壽司店的吧檯前，而不會感到動搖或不安。

然後，用起我習慣的方法來找店家。以「金澤」「自然派葡萄酒」「自然酵母」這些關鍵字在Google搜尋，找到了「伊東商店」。毫無頭緒地去一家店，不管年齡多大都會惶惶不安。尤其還是自己一個人去。即使發出咳嗽聲，也是一個人。而且太陽已經下山了。

---

⑲長町武家屋敷跡：於一八六九年加賀藩撤藩之後，武士家族頓失一切收入與特權，最後不得不放棄或出售原有的住宅，如今仍有幾間之前武士的住宅和房屋開放予民眾參觀。保留了江戶時代的許多建築特徵，狹窄的街道、現在仍在使用的排水和供水系統以及修復的武士房屋。

根據Google地圖，目標的伊東商店就在金澤鬧區香林坊和片町步行五六分鐘的地方。總之，先去看看。

店面在一條小河旁邊，離鬧區很近，但是卻位於安靜的住宅區裡。老舊的建築物，燈光昏暗地微微發亮。輕鬆地向前走去，偶然地瞅了一眼，發現這邊，也就是吧檯靠窗處有座位。嗯，坐那邊應該不錯。先繼續向前走，然後在附近繞了一圈，最終下定決心走進去。

然後，按計畫坐在了窗邊的吧檯座。「葡萄酒，全部是自然發酵的嗎？」我問道。他溫和地回答說：「是的，都是。」然後用玻璃杯子介紹了可以喝的葡萄酒。這個人就是伊東先生。

裡面也是吧檯座位，有幾位單人客在那裡。啊，太好了，我鬆了一口氣。吃着鄉村肉醬凍（Terrine de campagne）跟蘿蔔絲沙拉（carottes râpées）小菜佐酒，喝了兩杯。不和任何人說話，一個人坐在這裡，看着小河靜靜地流淌，住宅區裡不時經過像是下班歸家的人們，或騎自行車的人，思緒任意地幻想了一番，輕鬆度過了不到一小時的晚餐時間。

回想起來，今天一整天，除了店裡的人和美術館售票處的人之外，我沒和任何人說過話。但這也不錯。不和任何人說話，感覺十分新鮮。

給自己買的伴手禮「吉橋」生菓子⑳

母親從茶道老師那裡得知了一家和菓子鋪「吉橋」。和母親一起旅行時，得知必須提前一天預約，但匆忙打電話時才發現那一天休息，最終無法買到。後來和朋友一起再次嘗試挑戰，對其口感輕盈的上生菓子感到驚嘆。

這次我提前預訂，可以在回程的當天取貨，作為自己的伴手禮。總之，這些練切㉑和菓子非常蓬鬆，入口即溶。練切的口感通常會被形容為「濕潤」，但這裡的我想表達的是「蓬鬆」。上生菓子的品種每個季節都會變化，要預約打電話詢問時，他們會很親切地告知。

⑳生菓子：日式和菓子點心中含水量百分之三十就叫生菓子。如鯛魚燒、銅鑼燒、大福、團子等。茶席用的「上生菓子」，因為食材的關係無法久放，都是當天做當天吃，不放隔夜。是點心師傅根據季節設計、限量製作的款式。華麗的外觀加上手工製的品質，一般來說食用期限都只有一～二天，所以甚少上架到便利商店或伴手禮店，是要親身到和菓子屋才會買到的高級甜點。

㉑練切：生菓子的一個種類，以白豆為主原料，加入砂糖、山藥、白玉粉等原料製作成白團（練切），然後在白團中再仔細染上顏色，以四季的花卉景色、和歌、俳句所展現的風雅為主題，佐以職人細膩的細工與創意雕飾而成的和菓子。

我對金澤出身的朋友說「金澤真是個和菓子天堂呢」，他便告訴我有關冰室饅頭的故事。

在江戶時代，加賀藩的前田家會在冬天時將積雪儲存在冰室裡，然後在舊曆六月一日（新曆七月一日）的冰室開放日取出，將這些冰送到江戶。為了祈禱冰能順利送達江戶，附贈的添頭就是「冰室饅頭」，現在據說都是在七月一日食用。

這種豪華的和菓子傳統已經有大約三百年的歷史，這真是富饒的加賀百萬石[22]！金澤的和菓子文化會如此華麗也就不足為奇了。不論是外盒包裝、包裝紙或是和菓子的形狀，展示的樣貌都是令人眼花撩亂，在（我研究的）許多旅遊景點當中，金澤無疑是當中的佼佼者。

回程時順便逛「金澤百番街」

在金澤，無論是老店還是新店，都會精心製作美味的和菓子點心，僅僅看到它們就令人心生愉快。在金澤站的購物中心「金澤百番街」的伴手禮區，各類產品一應俱全，我總是陷入選擇困難中。

最近在我家裡非常受歡迎的組合是巴斯克起司蛋糕和巧克力。巴斯克起司蛋糕雖然隨處可見，但這裡指的是人氣西班牙料理餐廳「レスピラシオン（respiración）」（就在近江町市場附近，午餐也很推薦）的產品。旁邊是結合和風元素獨特食材和香料製作巧克力而聞名的巧克力店「FILFIL cacao factory by FIL D'OR」（フィルドール）。特別是我喜歡花椒口味，包裝也很精緻。

擁有黑巧克力和花生醬這種特殊味道羊羹的「太郎的羊羹」（たろうのようかん）吃起來口感甚是輕盈。這是由「茶菓工房太郎」（茶菓工房たろう）製作，即使是不愛羊羹濃厚口感的人也會喜歡。由於可以購買單個，所以也適合作為搭乘新幹線時的旅伴。這裡有種名為「窗」的最中㉓，我也很喜歡。冬天則是推薦萊姆葡萄乾口味。

一說到金澤，眾所周知的加賀棒茶㉔老店「丸八製茶場」烘焙得稍微濃厚的深煎焙煎

㉒加賀百萬石：加賀藩是日本江戶時代，領土橫跨加賀國、能登國、越中國三國大半（相當於現石川縣、富山縣全域）的土藩。加賀藩是前田氏所領，待遇和德川御三家一樣，也是江戶時代最大的藩，領一百零二萬五千石，也就是加賀百萬石的由來。

㉓最中：最中是一種日本甜食，做法是將糯米粉溶於水中桿擀成薄皮，放入模型中烤製成形，最後再將紅豆餡填入烤好的外皮中。原本以外皮包著紅豆內餡才稱為最中，現在裡頭包著其他食材的食物也能稱為最中。（維基百科）

㉔棒茶：棒茶是一種日本傳統的茶葉形式，它是將茶葉壓製成長條狀，通常是長方形或圓柱形狀，類似於一根棒子。這種形式的茶葉常見於日本的茶道中，通常需要將茶葉搗碎或磨成粉末後使用。加賀棒茶則是一種特別的棒茶，以石川縣加賀地區出產的茶葉製成，具有獨特的風味和香氣。

茶「BOTTO」（ボット）也很推薦。現代風格的包裝也很出色。

在這個伴手禮區也可以買到地方酒。在「金澤地酒藏」有品酒套裝和可以用杯子喝的自動販賣機。在旅行的最後感到有點寂寞時，可以在這裡慢慢逛逛，調整好心情再回家。

單人用餐推薦店家

關東煮若葉（おでん若葉）

距離金澤站和鬧區有些距離，有點不太好走，是在酒藏「福光屋」旁邊的一家關東煮店（順便提一句，福光屋的「福味醂」我用了二十多年了，酒藏一樓店面有售）。這裡除了關東煮，土手燒[25]也非常美味。在環繞著關東煮鍋的吧檯座位，也有很多獨自一人的客人。

廣坂 Highball（坂ハイボール）

這是位於金澤鬧區香林坊附近，步行約五分鐘的一家很棒的酒吧。因為在二樓，有些猶豫，但是一旦鼓起勇氣進去，一個人坐在吧檯區也沒問題。老闆是一個樂於助人且熱情的人，能夠以最恰當的方式與客人保持適當的距離，使他們感到舒適和放鬆。這裡的招牌Highball非常推薦。看似很普通，但是味道和其他地方不太一樣。店裡的小吃也很美味，所以也可以輕鬆地享用一頓輕食。

・北陸金澤回轉壽司 notomeguri（北陸金沢回転寿司のとめぐり）

朋友推薦的站內旋轉壽司。這是一家即使一個人也很容易進去的小店。你可以品嚐到當地漁產製作的生魚片握壽司。

・蕾（つぼみ）

距離金澤21世紀美術館很近的一家甜點咖啡館。抹茶聖代非常好吃。由於店裡總是人滿為患，建議在適當的時機前往。刨冰也很推薦。

㉕土手燒：將牛筋肉串在竹籤上，再放到白味噌醬中燉煮的料理。

・九谷燒諸江屋

一說到金澤就想到九谷燒[26]。位於香林坊十字路口附近的諸江屋擺滿了九谷燒。從知名作家的作品到價格公道的 Kutani Seal 系列都很齊全。就當作逛九谷燒博物館一樣，從一樓到三樓慢慢欣賞。我也曾因為對精緻的圖樣和澄澈美麗的九谷綠一見鍾情，而購買了它。是很實用的寶物。

㉖九谷燒：是日本瓷器的分類之一，在石川縣南部金澤市、小松市、加賀市及能美市生產的彩色瓷器。濃重色彩的運用、華麗的彩繪是九谷燒最大的特徵。

・Hyatt Centric 金澤、Hyatt House 金澤

這是位於金澤站附近的凱悅（Hyatt）酒店。「Centric」價格稍微較高，而「House」則是配有廚房的長期住宿型酒店。Hyatt House 非常乾淨，設有簡易廚房，對於喜歡泡澡的我來說，多數客房只提供淋浴設施，可能會感到有些不滿，但住一、兩晚沒問題。接待櫃台所在的空間相當寬敞，還有一個類似小型便利商店的角落，在這裡也可以工作。

・Hotel Forza 金澤

非常推薦連鎖旅館 Forza，在其他城市也非常方便且適合獨自旅行入住。距離近江町市場不遠，位置便利，設施新穎乾淨。平日價格大約為每晚五千日圓（二〇二二年）。

我所熱愛的故鄉，多元文化的鼻祖──長崎

自己的城市開通新幹線，甚至無法想像到底會有多開心。

二〇二二年九月二十三日，西九州新幹線連接長崎站和武雄溫泉站的路線開通了。這是我故鄉長崎第一次迎來新幹線列車，首發是「海鷗號」。雖然聽說這個計畫已經超過二十多年，甚至去年看到「即將通車！」的海報時，也只是「哦」一聲。不過，當它真的開通時，興奮到自己都感覺很驚訝，淚水止不住地流，迫不及待地想要來搭乘。

然而，這條新幹線路線計畫上是從長崎連接到博多，但只開通到一半的路段，即從長崎到武雄溫泉的部分而已。即便如此，我還是一個人去搭乘了，從長崎到武雄溫泉車站，又馬上搭回長崎，蜻蜓點水似的來回了一趟。

車身從前方看起來，像是一隻眼睛紅紅的、耳朵垂下的兔子。側面用平假名墨字寫著

「海鷗」。指定席是類似綠色車廂的寬敞設計，椅背是圓形木製，地板則是可愛的馬賽克圖案，果然是以車廂設計出色而聞名的JR九州線。

搭乘的感想嘛，就是非常開心！但是，確實路程很短。長崎是一個擁有許多歷史遺產的城市。不僅有軍艦島，還有相當吸引人的離島，美麗的海洋和溫柔的山脈。在四十七個都道府縣的魅力排行榜上也名列前茅（略感自豪）。突然間，我就變成了急切期待著新幹線能早日延伸至博多的人。

歡迎來到最西端的城市

各位，如果你們乘坐新幹線抵達長崎站，那麼你們將會看到一座嶄新的長崎車站，為了迎接新幹線而閃閃發光。首先，下車後請先沿著車站月台朝著海的方向直走，將會看到月台前廣闊的海，那就是長崎港。

如果新幹線沒有停下來直接繼續行駛的話，應該就會衝進海裡了吧！我想只有長崎才有這樣的車站，這裡掛著一塊寫著「日本最西端的新幹線站」的牌子。

沒錯，長崎是西方的邊疆之城。我曾經去過葡萄牙，參觀了歐洲最西端的羅卡角（Cabo da Roca）。從大航海時代起，長崎和葡萄牙有著深厚的因緣。如果東方是朝陽的城市，那麼西方就是日落餘暉的城市。也許這兩者之間存在著某種共通點（在里斯本，隨處可見與長崎相似的景色，令我感到驚訝）。

從東京返回長崎時，早晨有點陰暗，白天很長，深深體會到自己身處在西端。

如果你獨自旅行來到我的故鄉長崎，向你們推薦一個三天兩夜的旅遊行程。

從空中俯瞰長崎機場

如果你搭飛機抵達長崎，即使你喜歡靠走道的座位，我也極力推薦選擇靠窗的座位。因為飛機降落前的景色是絕對值得一看的。

長崎機場位於海上的人工島上。當飛機即將降落時，眼前便會出現翡翠色的大村灣、各種大小不一的小島、蜿蜒曲折的水道或小海灣、漂浮在海上的船隻、建在溫和丘陵上的房屋，以及層層疊疊的田地，彷彿自己正坐在無人機上一樣，逐一地呈現在眼前。那大海的美麗程度，會讓你心跳加速！當海洋與陸地交織在一起時，請不斷驚嘆出聲：「哇～那個海角是怎麼樣的？」「我想站在那個梯田上看看」。飛機上的氣氛一定會變得十分熱烈。

抵達機場後，可以搭乘巴士前往長崎市區。到達長崎市中心、新近翻新的長崎站和鬧區約需四十分鐘。以這附近的長崎車站為旅行的基地最方便。我推薦附近的希爾頓酒店，那裡有可以一覽港口和車站月台的房間（比市中心的希爾頓價格合理許多）。

圍繞港口散個步

長崎站幾乎面對長崎港。這個長崎港從古至今一直被稱為「鶴之港」。從空中看，它看起來像是一隻展翅高飛的鶴。被視為鶴頸的部分是注入長崎港的河流。而像是展開的翅膀的地方，則是通往外海的港口。可以沿著這個港口周圍「漫步」。我非常推薦把長崎獨自旅行的第一天用在這裡。

以曾經是原子彈目標的三菱重工業長崎造船所遺址作為背景，從長崎站出發，沿著翅膀一路前進，經過旁邊的新縣政廳，到達連接長崎和離島的波止場「大波止」，以及新整建的「水邊之森公園」，還有由隈研吾設計的「長崎縣美術館」、日本著名的古老西洋建築「舊香港上海銀行長崎支店紀念館」和「哥拉巴園」「大浦天主堂」等位於南山手的地方，都可以沿著海邊的遊步道散步。在過去幾年的整修中，現在已經可以「徒步」繞行港口了。當然，跑步也是個不錯的選擇。

特別是從長崎站到大波止和長崎縣美術館約兩公里的路段，是一條令人驚嘆的散步道，會讓你驚嘆「太棒了！長崎市！」成為人生中前三名的精彩散步路線。這裡可以從各種角度欣賞港口，而且離海非常近。

由於港口周圍的設計成熟，這裡沒有高高的圍欄，而是設有時尚的木板道、寬敞的草坪，而且有一座美術館，其獨特的設計是建築物橫跨港口的水路，陸地這一側的景色也很有趣。

過去這個地區保留了貨物列車進站的鐵路軌道。周圍是房屋、商店和倉庫混雜。這些倉庫相當古老且沒有人煙，顯得有些陰森可怖，並不適合散步。整修工事很費勁，也許並不是每個人都感到開心，但現在此處已經成為一個非常安靜美麗的公園（水邊之森公園）。在欣賞海灣、船隻、遠處的造船廠和低矮的山脈以及島影的同時，可以在這裡消磨一整天的休閒時光。對於想一個人悠閒度過的人來說，是一個難得的地方。還有，重建的「出島」[27]就在附近。

順便提一下，我是在這港口附近的大型船隻停泊處長大的，經常去看船，或是偷偷穿過貨運軌道（其實是不行的）。

大型船隻停泊處散發著海潮氣味，即使站在橋上也能感受到潮汐漲退。有船往返於五島列島等離島，還有長崎港的觀光船，偶爾也會有外國的大型郵輪進港停靠。當走向河流和海洋匯流的鹹淡水交界區，甚至可以看到烏魚子的父母烏魚群在水中游動。

長崎從江戶時代就是個港口城市。所以希望從港口來感受長崎的盛情。如果運氣好的話，甚至可以碰到南極調查船白瀨號破冰船（しらせ），或者看到讓人誤以為是建築物的中國巨型郵輪（太大了看不出是船）呢！

圍桌共食，圓桌不分地位高下

作為象徵著各種人群聚集的城市，有趣的是長崎獨有的餐飲風格「圍桌共食」。所謂圓桌（丸桌），即圓形桌子。而在這圓桌上用餐的規則非常獨特。

首先，因為桌子是圓的，所以沒有上座也沒有下座。在當時武士的宴會上，主菜是按照身分高低排列的，但在這裡則不然。當客人坐下後，首先會端上一碗被稱為「魚鰭湯」（お鰭）的湯。這碗湯裡面有一條鯛魚的鰭部（連胸鰭的魚肉），代表著主人的款待之意，表達了「我們為您準備了一尾鯛，特地料理了這樣一碗湯」的意思。

在喝完這碗湯之前，酒也不會上，大家都恭敬地等待著。然而之後，菜餚則沒有嚴格

㉗出島：是指長崎的一個人工島，曾經是日本與外國貿易的重要據點，特別是與荷蘭的貿易。

的順序，各種菜餚會一同上桌。被稱為「和華蘭」的口味，既有和風、中華風，也有荷蘭和西方風格的料理，刺身、長崎天婦羅（類似炸物）、東坡肉（燉肉）應有盡有。客人可以按照自己的喜好，自由選擇食用（後來受到懷石料理的影響，也出現了按順序上菜的店家）。

我奶奶常說：「這樣一來，西方人、中國人、日本人、武士、商人、男人、女人、知識分子、白丁，不論身分還是吃飯方式，都能坐在一起吃飯。這才是長崎的特色。」這就是所謂的多元性。

長崎的獨特性也表現在代表日本的三個花街，吉原（東京）、島原（京都）、丸山（長崎）的不同個性上。從丸山的料亭那裡聽過「外表的吉原、服飾的島原、招待的丸山」的說法。並不是說長崎的花魁就長得不好看，而是據說即使是地位較高的花魁，也會把客人的木屐放在懷中溫熱待客。不分高低貴賤地招待著下級武士和外國人。現在，丸山還有一家料亭，那裡的柱子上還保留著坂本龍馬揮刀留下的刀痕遺跡。

多樣性漫步

那麼，長崎之旅的第二天，換個方式來感受歷史和多樣性，讓我們「漫步」在城市中吧！在長崎方言中的「漫步」意味著「悠閒地四處走動」。

長崎有一首叫做〈長崎漫步節〉的歌曲被人們傳唱至今。我小時候常常在宴會上聽到大人們唱這首歌。這首歌曲被作家中西禮改編成了同名小說，並由吉永小百合主演拍成電影。字面上是關於漫步在長崎的歌曲，歌詞中列舉了各地名勝，以及長崎的季節活動和風俗。原來從以前開始，長崎就一直是個散步的好地方。

首先，從車站對面到鍋冠山上俯瞰港口。這裡的觀景台位於斜坡上，可以一眼看盡這個鶴之港與斜坡的城市。夜景也美得令人屏息，所以建議在一日的最後再去。

然後，從那裡往南山手方向走。先去看看「哥拉巴園」和「大浦天主堂」（國寶、世界遺產），然後經過荷蘭坡，走過新教派學校可以看到紅色屋頂的校舍、石板路，可以說是漫步在歐風區。

從坡上下來，就到了中華風區域。前往長崎孔子廟、唐人屋敷遺址，然後到中國城。還可以走到過去的丸山紅燈區。據說男人考慮是否前往丸山時，會駐足思索再三的思案橋，也在附近。這裡還有一棵「回望柳」（只是普通的柳樹）。

我小時候覺得自己走不了這麼遠，但長大後嘗試，走了約兩萬步左右。請根據自己的腳力，如果感到疲憊，可以搭乘有軌電車，請隨意漫步。

如果感覺還能走得更遠，還可以前往據說是坂本龍馬在日本首家成立的商會龜山社中遺跡（亀山商會紀念館）。從思案橋走過去大約十分鐘，來到寺廟林立的寺町通，從那裡往上走，有一條像爬山一樣陡峭的坡道。既然來了，就順便享受坡道的洗禮，一邊漫步吧。是的，在長崎絕對不推薦騎自行車。

因為獨自一人，推薦前往原爆資料館

第三天，正因為獨自一人旅行，建議去參觀原爆資料館。從長崎車站出發，與鬧區相反，坐市電約十分鐘，就會到達原爆中心地。

希望你不要感到憂鬱或沮喪。或者說，雖然會心情沉重，但希望你能在旅程中花一個小時來這裡參觀。思考一下受到戰禍核子兵器威脅的國家，或是更貼近自己的福島事件以及原爆事件等等，我覺得這是個很好的思考機會。

此外，你也可以在濱町拱廊商店街或從車站步行到附近的長崎市立圖書館參觀「救護所紀念館」。這個地方曾經是新興善小學，成了被爆者的救護所，現在這座建築已重建，並陳列了各種相關資料。

我的老家位於距離原爆中心地約兩公里多的地方。不是在原子彈投下的那一瞬間，而是在十幾年後、數十年後，我失去了伯父和伯母們，他們罹患了被認為是原子彈造成的白血病和多發性癌症而去世。原子彈不僅在瞬間造成大量殺戮，而且在之後的每年都會有人死亡。這就是原子彈爆炸的後果。

午餐選擇「吉宗」，晚餐則去「famiglia」

午餐時間，以及稍早的晚餐時段，有一家非常適合單獨用餐的長崎風味餐廳，那就是「吉宗」。

這家餐廳位於市中心，就在濱町商店街附近。創立於江戶時代。他們的招牌菜是茶碗蒸和蒸壽司的套餐。這裡的茶碗蒸故意做得鬆軟，可以當作湯品來食用。湯的味道特別濃郁。

大多數人都會點這個套餐，但我私下推薦的則是鯖魚壽司。與京都不同，長崎特有的鯖魚壽司，是由新鮮的鯖魚製成不會過於緊實的厚切鯖魚壽司。如果是單獨用餐，我認為這款鯖魚壽司搭配茶碗蒸是一個不錯的選擇。

晚上，推薦去附近的「famiglia」（ファミリア）。這家餐廳由在義大利受過訓練、連鹽巴都自製的岩永廚師經營，他在吧檯上會以合適的距離和友好的態度招待客人。

店家使用了長崎附近放牧的豬肉製作自家煙燻火腿，還有鄉村風豬肉醬捲、手工製作的竹炭義大利麵和以長崎美味海產製成的海鮮義大利短麵等等。

這家餐廳是有位在長崎經營了九家居酒屋的小學同學介紹給我的。他跟我說，這家餐廳很適合單獨用餐，而且非常美味。就連專業人士也會來吃，大家都是來看岩永廚師，是當地很受歡迎的餐廳。

另外，長崎車站內的「長崎街道海鷗市場」也很適合一個人用餐，這裡是一個美食廣場。還有可以立即品嚐當地烈酒和清酒的吧檯。可以品嚐到當地當季新鮮生魚片做成丼飯的「魚○亜紗」，也是一個不錯的選擇。

這家餐廳旁邊有一家叫做「蘇州林」的餐廳，強棒麵[28]和皿烏龍麵[29]很有名。這裡尤其以酥脆的炸麵條配上豐富的蔬菜和海鮮的皿烏龍麵而聞名。這種炸麵條也可以當作伴手禮。只要把麵條放在碗裡，再把冰箱裡剩下的蔬菜和豬肉炒熟淋上，很快就能做出一道美味的料理。我覺得這種皿烏龍麵真是太神奇了。

順便一提，幾乎所有的餐廳都可以點到強棒麵和皿烏龍麵，輕鬆地單獨用餐，所以不用擔心。我最喜歡的強棒麵店是「康樂」，就在思案橋附近。雖然這家店只在晚上開門，但因為它像是以前的古老食堂，所以一個人去也沒問題，吃飽了就可以滿足地輕鬆離開。

想跟著旅行中的你一起走

離開家鄉長崎來到東京已經超過三十年了。雖然住在東京的時間已經比在長崎的時間更久，但現在走在東京街頭，也還常常有在旅行中的感覺。

另一方面，雖然離開長崎已有三十年以上，但心裡總是認為，這裡才是我的家鄉，我的城市。

特別是在過了五十歲之後，常會突然間因為一些小事，想起長崎平凡的景色，這種情況日益增加。在盛夏的澀谷抬頭仰望天空時，腦海裡會浮現出長崎某間有墓園的寺廟外的藍天，與之重疊；在京都聽到祇園祭的伴奏樂曲時，腦海裡響起的是長崎秋季大祭（おくんち）的祭典音樂。

並不是說我想回到長崎。可能是因為家裡經商開店，有很多細瑣的禮儀和令人討厭的

㉘強棒麵：「ちゃんぽん」，是一種中日混合風格的炒麵。其實就是什錦大雜燴麵，以雞骨或豬骨熬出的湯頭，加進油麵和高麗菜、豬肉絲、洋蔥、魚板、蛋絲等多樣食材爆炒，分量極多，香氣濃郁。

㉙皿烏龍麵：「皿うどん」，比較像廣式炒麵，細麵體是油炸過的，再淋上勾芡的食材拌炒。

事情，對十八歲的我來說感覺處處受限。就像岡崎京子的《東京酷妹一族》[30]（從北海道到東京追夢的女孩故事）中的女主角一樣，我覺得繼續待在這裡不行了，必須馬上去東京！於是，毫不留戀地離開奔赴東京。

但是，我常會突然想起長崎。而且以一種深深的愛意，泫然欲泣的感覺。咦？這就是所謂的鄉愁嗎？是老化了嗎？是對家鄉的愛意溢於言表了嗎？這真是奇怪啊。

「はがいか～」在標準日語中無法直接表達，是長崎方言中將「悔しい」（後悔）和「はがゆい」（惶惶不安）合併而成的詞語。事實上，我很想要像背後靈或是像南君的情人[31]一樣，陪著獨自旅行的你一起走在長崎的街頭上，並帶你到處遊覽。可惜我不能這樣做，所以只能懷揣著「はがいか～」的心情，在此時此刻寫下這些隻言片語。一個人信步遊走，希望長崎能成為你想再次造訪的城市。

㉚《東京酷妹一族》：「東京ガールズブラボー」，台灣為時報文化一九九八年出版。

㉛出自漫畫家內田春菊的漫畫《南君的戀人》，描述高中生阿南跟某日突然縮小成十五公分高的女友千代美之間的戀愛故事。過去曾在一九九〇、一九九四、二〇〇四、二〇一五年四次被改編為電視劇，二〇〇四年是由二宮和也和深田恭子主演，二〇一五年則是中川大志及山本舞香主演。

Part 3

海外單人旅行

毫不猶豫地進行：放棄早起、享受游泳池、按摩、血拼購物、在酒店大堂喝酒之類，徹底寵愛自己，當作獎勵性的旅遊。

初次獨自出國旅行，選擇前往台北吧——台灣

在新冠疫情爆發之前，我曾經「常常」去台灣。並且，最常去的城市就是台北，我甚至寫了一本名為《大人的犒賞：愛上吃得開心、笑得開心、走得開心的台灣》（食べて笑って歩いて好きになる大人のごほうび台湾）的旅遊指南書。

誠如這本書的標題，首先台灣的食物非常美味。而且，即使一個人也能吃到美味的食物。我獨自一人吃遍了書中介紹的八成台北店家。

此外，台灣似乎是一個能讓旅人笑容滿面的地方。即使一個人，也能保持微笑。而且易於獨自行走。換句話說，你可以吃飯、笑、走路，這真是最強的單人旅行方式。

在台灣的單人旅途中，我積攢了多少「幸福存款」啊。即使回國後，當我想起這些時，眉間的皺紋也會放鬆（雖然不會消失），臉上的表情也會變得輕鬆。謝謝你，台灣！

堅強而善良的人們教會我的事

而現在，我正在台灣，一個新冠疫情稍微穩定了的地方寫這篇稿件。為什麼台灣會如此吸引我呢？有許多魅力，但最重要的還是人吧。人的善良、率直、大度、情感。我經常說「台灣的特產是人」，這不僅僅是因為他們對旅行者的我很友好。

在台灣，「おつかれさま」的中文是「辛苦了」。表示辛苦或困難結束了。我認為這就是台灣的真實寫照。今天的台灣經歷了許多困難和苦難的歷史，才有了今天的成就。台灣在一九八〇年代中期開始轉向民主化和經濟發展。開始經常來台灣後，對自己的一無所知感到慚愧，於是就透過閱讀各種不同角度有關台灣的書籍來了解它。

建議從有紀錄開始的十七世紀，一直到一九八〇年代中期的台灣歷史，可以透過書籍和電影來了解。特別是從一八九五年到一九四五年間，日本統治台灣長達五十年的時期，對現今的台灣產生了相當大的影響，也是我被台灣吸引的原因之一。

現在住在台灣的人除了原住民（在台灣不稱為先住民，而是原住民）外，其他人都是移民。是的，就像美國一樣。那麼，什麼時候來台灣？為什麼來台灣？這些問題的答案意義深遠，根據這些差異，有各種各樣的家族史。這些差異有時候是不可原諒的。儘管如此，他們已經克服了這些差異，並且在這裡一起生活。

經過漫長的時間，各個民族透過自己的努力打造了可以共存的台灣。了解這一點，我不禁想要說「辛苦了」。「如果不堅強就無法生存。如果不善良就沒有生存的資格。」㉜當我來到台灣時，經常想起這句偵探的台詞。

也許是因為這些人的支持，當我在台灣時，大部分事情都變得不那麼重要了。換句話說，我變得更加寬容。在東京，我可能會因為自己的小問題而感到焦躁，因而積攢起來怨憤，但想想也不是什麼大不了的事。

我從台灣的朋友那裡學到了一句美國原住民的話：「憤怒是給自己喝的毒藥。」當你生氣時，不僅會影響到對方，而且會毒害自己。因此，與其生氣，與其憎恨，不如向前邁進。

台北基礎設施齊全，適合獨自旅行

先設想一下，現在是你一個人去旅行。如果是初次出國獨自旅行的話，從台北開始如何呢？

在台灣，特別是在台北，有完善的基礎設施可供遊客獨自旅行。首先，治安良好。當然，與日本一樣，也存在一些危險的地方，因此仍需要保持警惕。

此外，在亞洲地區，我認為台灣的衛生觀念與日本人最相近。我認為這與旅行的便利性有關。這個廁所能進去嗎？這個器皿可以用來吃嗎？（雖然在潔癖者和不拘小節者之間也有個人差異）。

在台灣工作時，我和台灣的工作人員一起圍著火鍋吃飯。有一位工作人員談到他帶著某亞洲其他國家的藝人來台灣時的故事，他說：「即使是第一次見面，他也直接把自己的筷子放進火鍋裡，看到這一幕，我已經不想再吃這個火鍋了。」在台灣，每個人面前都會放置一把食物夾，用夾子挾菜放在自己的碟子裡，然後再用自己的筷子吃。他說：「如果是家人或老朋友就算了……」我有點理解這種感覺。

這種共鳴的背後是有原因的。在日本統治時期，台灣受到了風土病[33]的困擾，日本著

㉜出自雷蒙・錢德勒（Raymond Chandler）《重播》一書，原文是「If I wasn't hard, I wouldn't be alive. If I couldn't ever be gentle, I wouldn't deserve to be alive.」

㉝風土病：指特定地區或環境下特有的疾病，通常由於當地的氣候、地形、水質或其他環境因素所引起。台灣曾經面臨過一些風土病問題，包括瘧疾、登革熱、霍亂等，都是與環境、氣候等因素有關的疾病。

手解決的方式其中之一是衛生教育。教科書上寫著從「洗手」開始，與同時代的日本孩子學的東西一樣。清潔不僅僅是一種「行為」，而且更是一種共有的「價值觀」。

在台灣，許多人都友善、理性，而且聰明。他們頭腦清晰，心算很快，我認為日本人在這方面不會感到壓力。結帳時要收五十五元，給了一百零五元，他們會立即找回五十元。

然後，非常感謝漢字標記。在台灣使用的是繁體字，雖然比日本使用的漢字難，但和中國的簡體字（為了讓所有人都能讀寫而簡化的文字）相比，繁體字跟日本漢字還比較接近，所以大致上看得懂。句子上有些在日本語中通常用平假名表示的助詞，繁體中文裡也使用漢字來表達，這使得閱讀上較為困難，但是查看地名、車站名和菜單等，並不會感到困擾。

超充實的個人美食饗宴

在台灣，有許多賣「小吃」的店家，販賣小分量菜餚、麵食和米飯，當餓了的時候，不論在何時，台灣人大多是一個人去吃。這些小吃店通常位於市場周圍、夜市或寺廟附近，也開在許多公司集中的地方。由於很多人家裡不開伙做飯，所以城市中有許多替代家裡廚房提供簡易家常料理的店家。

每家店的菜單通常不會很多，很多店只提供一兩種選擇。例如，有些店只賣牛肉麵，而且只有大碗和小碗這兩種選擇。

即使有多種菜單，只需查看兩三個字就大致能知道是什麼料理。有時菜就在旁邊炒，你可以直接點菜，或者看別人正在吃什麼然後點一樣的。

就算外帶也很適合獨自享用。許多店家提供自助挾菜點餐的服務，可以自由選擇食材，很讓人興奮。城市中也有很多馬上就可以買來吃的東西，比如包子和烤餅。由於城市裡有許多合適的長凳和公園，所以你也可以坐在那裡吃。

有一次，我決定在行程中試吃所有的豬肉包子！在逗留的四天裡，我吃了各種不同的店家，結果發現店家之間的差別很大。而且我發現自己是一個喜歡吃皮的人。

包子皮是用水和麵粉混合，發酵而成的。很多店家會使用一種稱為「老麵」的發酵麵團，而不使用乾酵母，這是代代相傳的發酵麵團。他們會保存這個麵團，然後將它加入新的生麵團進行發酵。

起初聽到這個方法時，我覺得有點像把優格加到牛奶中再做優格一樣。你也可以把它想像成店家一直添加的神祕醬料。使用這種老麵做的包子，不像日本便利商店裡的豬肉包子那樣膨脹，而是變得濕潤而柔軟。口感不像天然酵母麵包那樣堅硬，而是優雅而甜美。當剛蒸好的包子拿到你手上時，皮會緊縮，然後將皮和肉或蔬菜內餡完美地裹在一起。

順帶一提，我在台北常去的店包括「包仔的店」和「極品光復素食包子」。我特別喜歡後者的四季豆餡，覺得非常美味。

一個人輕鬆享受台灣的素食料理

「素食」或者說蔬食，一個人用餐時也是一個不錯的選擇。特別是對於年齡漸長、食量不如以前的女性（比如我），尤為推薦。

台灣被稱為全國人口約百分之十五都是素食主義者。主要是因為宗教因素，而且在素食主義者的人口比例上台灣僅次於印度。因此，台灣的素食不像時尚的維根蔬食（Vegan），而更像是傳統的精進料理。

會推薦素食店的其中一個理由是有許多「自助餐」風格的食堂。首先，你可以從排列整齊的各種豐富菜品中自己選擇喜歡的菜餚，並將其挾到盤子（或外帶容器）中，然後按照重量來支付費用。有些地方則是不用秤，價格均一。你可以當場吃或帶走都可以。

雖然我並不是素食主義者，但我喜歡精進料理，曾經去過京都的寺廟、福井縣的永平寺以及山形縣的羽黑山等地品嚐過。這些料理都有很多巧思和智慧，蔬菜的風味也非常豐富。吃完後感覺身體變得輕盈，是非常有益健康的料理。台灣的素食也是如此。

在日本，很多地方需要提前預約，平時就可以隨便去的地方比較少。但在台灣，走在路上很容易就能找到素食的招牌，街上幾乎到處都有素食餐廳。可以輕鬆地享受精進料理。

如果看到「全素」或「純素」，表示這是最嚴格的素食，不僅是植物性食物，而且連「蔥、大蒜、韭菜、洋蔥、薤」等五辛也不使用。這五辛都具有強烈的刺激性和氣味，吃完後口氣還會留下來。這是否因為它們會引起煩惱而不被允許呢？

其實，我本來就不喜歡這五種食材，所以我或許就是素食愛好者。說實話，我對全素料理非常喜愛，甚至可以三餐都吃素。台灣料理溫和的味道非常適合蔬菜和豆類，這令我很開心。另外還有可以吃乳製品的奶素，和蛋類也ＯＫ的蛋素。

在捷運雙連站旁的早市雙連市場中，我特別喜歡離主要街道稍微遠一點的「高家素食」，一個人的時候一定會造訪。在店頭挑選好喜歡的菜餚後，可以選擇白米或五穀米，店員會幫忙盛裝好，然後進入店內。

店內播放著佛經的背景音樂，有好幾位看起來是住在附近的老人，各自一個人享用著。無論何時去，總會看到老奶奶或老爺爺在那裡。對我來說，一家店能吸引附近的老人來用餐，是我選擇美食的一個標準，這裡就是典型的例子。

看到店裡年輕的店主，長得像昭和時代的名演員笠智眾，皮膚細嫩、光滑，面帶健康的笑容，讓我想起了「一方水土養一方人」這句話。如果能吃到這樣的食物，一定不會有錯吧？

台灣料理通常都是比較適合日本人口味的，不太鹹、不太甜、不太辣，也不太濃。這種「不太」的特點，與在日本流行的正宗中華料理相反，即使是四川菜也不是絕對忠於原味，而是被台灣風格溫和地調整過了。而且稍微帶甜的調味，對像我這樣的九州人以及日本西側的人來說，應該會受到熱烈的支持。

徒步探索，魅力倍增

在台北要去哪裡玩呢？由於知名的觀光景點很多，如果是跟團旅行，從一個觀光景點到另一個觀光景點跳躍前進，可能也會很有趣。但是，如果是一個人來的話，那麼就應該去走走那些跳躍的中間地帶吧！讓我們邁開步子向前走吧！

那麼，怎麼走呢？在台北，按照慣例，設定規劃好當天想要去的三個地點後，開始步行。以下將介紹我某一天的模範路線。

從市場出發

在台北的街區漫步起點，大都是市場。因為台北有許多市場，一次遊覽不完，新舊、大小、歷史各異，各有其獨特的風格和招牌的商品。這次，我們選擇了一個永遠不會厭倦的「東門市場」作為第一個目的地，接著是鄰近的「永康街」作為第二個目的地，然後第三個地點是加點油徒步前往稍遠的「國立台灣大學」。

早上十點，從捷運東門站出來，很快就能抵達東門市場。每次去市場我都會將筷子、免洗湯匙、小紙杯、薄型塑膠袋和濕紙巾放在夾鍊袋中帶著。即使只是試吃一點點，也會吃一半後帶回家，這樣的時候也一樣。這是多麼貪吃啊？連自己都覺得自己是怪人。

據說東門市場從一九三〇年代就保持著幾乎不變的面貌。雖然古老卻依然活躍。聽說在日本統治時期也非常熱鬧。雖然是我自顧自地懷舊，沒改建成漂亮的建築物，依舊保持著昔日的風貌真是太好了。

大口咀嚼喜歡的蔥燒餅

市場橫跨東西兩側，中間是一條名為「金山南路一段」的大街（東側是戶外市場）。首先要去的是西側，那裡有美味的豆花店「江記東門豆花」。這家店成立於一九七六年，是一家有名的老店。因為常常供不應求，所以最好能在開賣前抵達。

菜單上只有冷豆花、熱豆花和豆漿。可選的配料只有花生，糖水清爽帶點黑糖的風味。也可以將這種糖水加入豆漿中享用。

或許大家都知道豆花，嗯，就是豆腐。但與日本的豆腐不同，豆花不是使用豆腐乳凝固，而是用石膏（原本是中藥用途的石膏）凝固豆漿（有些店家也會使用明膠）。在台灣和香港，豆花通常會搭配甜糖水和配料當作點心享用，但在中國大陸則有鹹口和辣口的。

我很喜歡豆花，一看到有豆花的招牌，就會馬上進去吃。在這次的行程中，這家店是我認為台北數一數二的豆花店之一。另外一家在台灣大學附近，所以我計畫今天以吃豆花開始，並以豆花結束。

同樣位在西側，還想吃熱騰騰的「利隆餅店」的燒餅。雖然叫餅，但實際上是像油炸餅一樣脆的皮。雖然是由麵粉和水製成的麵團，但它為什麼會形成這種酥脆的層次感呢？

在之前參加中國點心料理課程時，老師教了我們如何摺疊麵團的技巧，但我試了幾次後，只是做出有點脆的口感，並沒有變得很酥脆。這家店的燒餅特別酥，內裡食材味道也是恰到好處。

特別推薦內裡有大塊碎牛肉和炒洋蔥的「牛肉餡餅」。還有內含大量切絲蘿蔔的「蘿蔔絲餅」，蘿蔔絲的甜味非常好。蘿蔔竟然有這樣的魅力，真是令人驚訝。這裡只需指著菜單點餐即可。

如果我第二天就回國的話，會在附近的「66號製麵店」買一些餛飩皮和生米粉作為給自己的伴手禮。

大排長龍的濃稠赤肉焿

穿越紅綠燈往東側走去，就能看到戶外市場，那裡有一家歷史悠久的名店「東門赤肉焿」，排列隊伍通常排得很長，一眼就能辨認出來。這家店以其獨特的赤肉焿聞名，是豬肉的瘦肉搭配勾芡的湯汁，非常美味，也有與飯一起享用的焿飯。同時，這裡的滷肉飯也是一絕。

有一天，一位老婆婆走進店裡，坐下後店員馬上端上一碗赤肉焿放在她面前，而老婆婆默默地吃完後放下一枚硬幣就離開了。那枚硬幣的面額遠低於赤肉焿的價格，這讓我不禁思考，她是附近的居民嗎？還是店家為了積功德而給老人特價？不管怎樣，老婆婆給我留下了深刻的印象。

吃完後，走兩分鐘可以到距離不遠的人氣觀光景點永康街漫步。入口處就可以看到以小籠包聞名，日本也有許多分店的「鼎泰豐」總店。如果時間湊巧，店外可能會有很多人排隊等候。如果你還有胃口的話，不妨品嚐一下小籠包。這裡的菜式以上海（浙江）料理為基礎，炒飯和炒青菜也非常美味，容易入口。儘管台北有很多分店，但我仍覺得總店的配菜更美味。

永康街上有許多有機化妝品、洗髮精店和茶鋪等。新冠疫情剛穩定的二〇二三年一月我來逛的時候，很多名店也因為很久沒有觀光客到來，已經倒閉。我相信隨著時間的推移，這裡一定會重新熱鬧起來。

如果看到賣小零食的店，不妨買一些擁有很多粉絲的澎湖特產「花生酥」（通常包裝紙很復古，把花生壓實的一種點心）。雖然形狀大致相同，但因製造商不同，包裝紙和味道也不同，是可邊試吃邊挑的伴手禮。

繼續往前走，就會看到台灣師範大學，以及日據時代政府高官、大學教授和文化人曾經居住過的房舍。這些建築現在已經翻新成了商店、咖啡館和有機食品店，讓人可以在此稍微休息。可以清楚地看出台灣人擅長翻新建築。再努力往前走一段路，就會到達台灣大學。

旅行前後，深度體驗台灣

在新冠疫情爆發之前，大約每年有兩百一十萬左右的日本人前往台灣旅行。反之，是否知道台灣每年也有近四百九十萬人次造訪日本呢？聽說台灣人的首次海外旅行目的地通常是日本！這聽起來真是令人開心。最後，我要推薦一些我在旅行前、旅行中和旅行後讀過，並非常喜歡的書籍。我會在旅行前開始閱讀，也會在飯店睡前繼續閱讀。

・**《流》（作者：東山彰良，台灣出版社：圓神）**

故事背景設定在一九七五年左右的台北。主角在萬華區的龍山寺附近以及充滿中藥店和乾貨的迪化街等地奔波。閱讀此書能更深入了解台北的街頭風情。此外，這本書也提及了二戰後從中國大陸移居到台灣的外省人，是一本引人思考的寶貴之作。

・**《老派少女購物路線》（作者：洪愛珠，台灣出版社：遠流）**

這是一本關於飲食的散文集，由台北搭乘捷運約三十分鐘距離的新北市長大的作者所撰寫。閱讀後會讓人想要親自前往體驗，在我事隔三年再次來台北時，參觀了新北市的蘆洲。這本書列舉了台灣人懷念的滋味和家庭味道。

・**《大江大海一九四九》**（作者：龍應台，台灣出版社：時報文化）

雖然這是一本需要一些毅力才看得下去的書，但在討論台灣的歷史和複雜的族群問題時，避免不了要提及國共內戰以及這個事件對台灣人的影響。這本書加深了我對台灣的認識。

・**《擂台旁邊》**（作者：林育德，台灣出版社：麥田）

故事背景發生在台東。這是一本由令人期待的年輕作家所寫的小說，帶有現代感。書中涉及了不同年代、職業和立場的人物，透過他們的處境可以看到現今台灣的情況。在小說中看到了摔角＝日本文化，而且在台灣還被人接受了？令我感到驚訝。

・**《台湾変容し躊躇するアイデンティティ》**（作者：若林正丈，日本出版社：ちくま新書）

如果你想要讀一本書就可全面了解台灣歷史的話，我會推薦這本。

拿出勇氣，前往憧憬城市的個人旅行——巴黎

四年前，我鼓起勇氣，決定踏上第一次獨自前往巴黎的旅程。

要經過十三個小時的飛行，因為我是一個人，就選擇了稍微貴一些但能在上午抵達的航班。我抵達了戴高樂（CDG）機場。雖然心裡有點忐忑，不過今天的第一個好運氣，就是巴黎的天氣晴朗。看到那片湛藍的天空，我鬆了一口氣。

如果有人陪伴，我可能會選擇搭乘計程車，但因為是一個人，所以我決定搭乘從機場到歌劇院前的羅伊西巴士。我拖著一個大行李箱走向巴士站。一名黑人大哥（長得像馬赫夏拉・阿里）看起來很隨和地說：「先買票。」我走向他指的方向，買好了車票，排隊上車。

巴黎機場的交通巴士有兩種：羅伊西巴士（RoissyBus）和直達巴士（Le Bus Direct）。

羅伊西巴士連接CDG機場和歌劇院（加尼葉歌劇院），由巴黎大眾運輸公司（RATP）經營，即使女性一個人也可以安心搭乘（當然，白天是最好的）。我已經事先進行了充分的調查。

安全地坐上巴士，把行李放在行李架上，找到一個看得見景色的位子坐下。我還順利連接了在羽田機場租借的Wi-Fi，給先生發了一條LINE消息：「我安全地搭上了羅伊西巴士（^^♪）」。一切進展順利，我感到一絲小小的成就感。即使是成年人，也還能感受到第一次做到了的興奮感。

巴士穿過平日不常走的連綿住宅區和各色人種熙來攘往的廣場，逐漸向市中心開去。建築、街景和人群，隨著靠近市中心，變得愈加繁華似錦。

五十歲的女性獨自旅行首重安全和安心

這次的獨自巴黎之旅是在與先生的暑假旅行之前進行。我比先生提早四天先到達巴黎，計畫進行為期四天三夜的一個人旅行。

旅行是安全至上，為了家人和摯愛的人，我準備得非常慎重。

首先是機票。雖然晚上抵達的巴黎航班會稍微便宜一些，但考慮到夜晚抵達機場後的安全問題，這點錢不能省，還是選擇了上午到達的航班。

至於貨幣兌換，我計畫在羽田機場進行，並隨身攜帶了可以在任何地方使用的美元現金作為備用。不管去哪裡旅行我都這麼準備，在護照夾中放入約二十美元的鈔票（雖然從未使用過）。另外，還攜帶了兩個錢包——等等，詳細的物品可以參見物品清單部分（第四十頁）。

選擇接近車站，雖然小但安全舒適的旅館

旅館就是旅程的基地，當然不考慮住在民宿。我尋找了一家位於離機場巴士站和地鐵站都很近，即使天色已晚也相對明亮熱鬧，二十四小時有人值班的旅館。

不過，巴黎的旅館價格相當昂貴（從二〇二三年開始似乎更貴了）。儘管如此，還是安全第一，畢竟也有了年紀，希望能住在可以恢復疲勞的旅館裡，於是我找到了一家叫做「多努歐貝拉」（Hotel Daunou Opéra）的小型旅館。

從機場巴士停靠的歌劇院（同時也是地鐵站）步行三分鐘，晚上也是相當明亮的街道，雖然房間很小，但是有對我來說很重要的浴缸。

由於我本來就是個膽小卻又喜歡看懸疑小說的人，負面想像力非常活躍，所以這天我

還特意把五十歐元藏在鞋子裡，小心翼翼地來到這裡。

巴士停在歌劇院旁邊。一下車，就看到下車的人和即將前往機場的人擠在一起。我在人群中穿梭，同時也要小心巴黎著名的扒手，一邊拖著行李箱一邊往旅館走去。

雖然還有很長一段時間才能辦理入住手續，但我被允許進入房間，這是來到巴黎的第二次幸運。終於解除了緊張的壓力，鬆了一口氣。

對我來說，這是第四次來巴黎，但第一次一個人來。因為我在巴黎沒有朋友，所以要開始百分之百的「單獨」一人旅程。

那麼，接下來要做什麼呢？

首先，從容易理解的地方練手感

這次旅行中我想去的地方有三個。一個是只在週末開放的跳蚤市場。另一個是分布在巴黎市中心各處的市場，我已經選好了幾個地方。第三個地方是奧賽美術館。

抵達當天，決定先去最容易到達的奧賽美術館。先從容易理解的地方開始。手機和租借的Wi-Fi要準備好，出發！

從歌劇院附近的飯店步行到奧賽美術館大約需要二十五分鐘。悠閒地步行著。噢，我已經到了巴黎啦，心情興奮地想著，然後直接走向樂麗花園。

橫跨塞納河的利奥波爾德・西達爾・桑戈爾行人橋（Passerelle Léopold-Sédar-Senghor）是一座可愛的橋，橋面鋪設著木板。和往常一樣，橋上排滿了情侶掛的鎖。用鎖鏈連接是什麼意思呢？嗯？不管怎樣，從這裡望去，奧賽美術館顯得格外令人興奮。

奧賽美術館曾經是巴黎－奧爾良鐵路的車站大樓（以及旅館）。這座沿著塞納河而建，長長的建築物讓人聯想到月台。在大時鐘下面，彷彿還有人會抬頭看時鐘，然後匆忙地奔跑著。即使現在已經知道這是一座美術館，但我仍然感到內心燃起了旅行的激情。

真是太酷了啊，巴黎，真不愧是巴黎！我在橋上小聲說道：「Bonjour，奧賽！」

想坐在新生奧賽美術館的那張椅子上

之所以想獨自前往奧賽美術館，是因為一檔ＮＨＫ的節目。在二〇一一年的特集中，經過了兩年整修工程的新生奧賽美術館裡，女演員天海祐希一個人包場參觀，這真是令人羨慕又奢侈的節目。

我雖然喜歡看畫，但並不是特別喜歡印象派，也不是個藝術造詣頗深的人。但是看到天海祐希在畫作旁邊獨自一人地凝視作品時，我心想，那樣真好。我想要坐在那張放置在雷諾瓦、莫內和塞尚真品前的椅子上，在伸手可觸及的距離下，凝視著它們。

而且這張椅子是由吉岡德仁[34]氏設計的，是以水為靈感的玻璃椅子。噢，這是藝術品吧！是張會讓人不由得心生猶疑：可以坐上面嗎？可以在這裡坐下嗎的椅子。我想在上面坐到心滿意足為止。

結果那天，我一直待在奧賽美術館（即使人多，但只要排隊就可以進入，但如果時間不充裕，最好提前在網上預約）。我似乎聽到了奧賽美術館的聲音，告訴我「你可以一直待在這裡」。真是太感謝了。

天色漸暗，我走了大約十五分鐘到達樂蓬馬歇百貨公司（Le Bon Marché）。仔細逛了食品販賣區域，買了放置在正中央看起來非常美味的瘦肉火腿和法國長棍麵包、肝醬、滿是香草的沙拉、新鮮的歐洲梨和覆盆子（搭配肝醬）、薄荷葉（放入綠茶）、一瓶白葡萄酒（打算分三天喝完）、因為封面吸引入手的一條巧克力。然後，我坐上了前方的地鐵返回飯店，享受愉悅的睡衣晚餐。

在巴黎獨自一人吃晚餐的難度很高。外出用餐意味著要與人交談、見面，對吧？是無法獨自用餐的文化。也有些地方無法預訂單人用餐。雖然覺得麻煩的話，還有咖啡廳或百貨公司裡的生蠔吧這種選擇，但那天我想在旅館內悠閒用餐。而且在巴黎盡情享用百貨公司的熟食美饌，是只有獨自一人去時才能享受到的奢侈啊。

前往克利尼昂庫爾門㉟的跳蚤市場

初中時期，我在《anan》雜誌（當時是一本時尚雜誌）上看到一篇關於巴黎跳蚤市場的文章，心想「啊，好厲害」，總想著有朝一日和另一半一起來巴黎逛逛跳蚤市場。這次獨自一人前往，不受時間和計畫的限制，想要自由自在地逛！

巴黎周邊有幾個跳蚤市場，但克利尼昂庫爾門的跳蚤市場可以搭地鐵前往。這裡不像自由市場，而是一排排小型活動小屋，每個攤位都有各自擅長的領域，店主都是行業專家。如果對某個店鋪感興趣，可以記下店名和編號，日後再去。有些甚至可以寄送到日本。我還看到了一些像日本買手的人。

㉞ 吉岡德仁：日本設計師，師從倉俣史朗、三宅一生，活躍於設計、建築、現代美術領域，其作品以自然為主題，在國際得到高度評價。參與了在巴黎奧賽美術館進行的印象派畫廊的翻新項目。玻璃長椅「Water Block」共十件作品成為常設展品。和印象派描繪的光和諧共鳴，創造出歷史與現代開始嶄新對話的空間。

㉟ Clignancourt：位於巴黎十八區，克利尼昂庫爾門站是巴黎地鐵四號線的北側終點站。

我的目標是尋找古老的布料、盤子和餐具。在婚前自己準備的繡了姓名首字母的布料，還有現在看來似乎難以想像的蕾絲編織，以及簡單的刺繡，如花朵和鳥類樣式的桌布中心裝飾品，圖案饒富風情的盤子，經歷歲月的刀叉餐具等等。如果仔細尋找的話，會發現各種各樣的東西。

不同種類和價格的餐具，從令人驚嘆的整套餐具（包括平盤、湯盤、水壺和砂鍋等，甚至有一套一百五十件的餐具！）到可以單獨購買的單件商品。有些是具有古董價值的，如歷史悠久的老牌品牌Herend和Ginori的產品，以及高價值的銀器等，但大多數是在二手市集（brocante）上出售的日常生活中古商品，相當於美國的「垃圾」。因為每個人都能從中享受尋找價值的樂趣，所以有很多東西只是乍看之下看起來像「垃圾」。反之，也有很多寶物值得尋找。

這一天，我帶著一些一九四〇年代到一九五〇年代的圓盤和湯盤回家。如果猶豫不決，就離開店鋪，去外面繞繞走走。如果忘了，就代表緣分不到；如果真的很在意，就會回去。

還有一些賣服裝、包包、配飾等的店鋪。我特別喜歡一些古老但色彩鮮豔的仿製石頭胸針，所以我逛了好幾家。

還找到了一些精美但現在難以製作的手工藝品，價格從五千到一萬日圓不等。這是給不遠千里迢迢而來的自己獎勵！

有些稍有歷史的歐洲器皿，雖然不是新的，但無論放什麼上去，都會給人現代感。就算是白色也有獨特的味道，摸起來有種「溫潤」的感覺。它們的瓷器表面也有著與日本陶瓷不同的魅力。這可能是由於洋式餐具的不同年代感造成的。

另一方面，我總是覺得，像有田燒[36]和九谷燒這樣的日本瓷器真的很厲害。例如，當我在海外看到器皿時，會比較同一年代盤子的繪畫，有田燒的素描技術就非常完美。簡單來說，他們的繪畫技巧非常高超。雖然對於昂貴的藝術品來說這是可以理解的，但即使和日常生活中使用的器皿相比，我認為有田瓷器在完美度方面更加出色。

在跳蚤市場仔細觀察古早的二手物品時，你會發現畫有花朵或鳥類等圖案的精美繪畫。即使是相同的套裝，繪畫也有所不同（汗）。但是，並不是一定要完美的東西才令人喜愛，這也是淘物如此有趣的地方。

㊱有田燒：是日本瓷器的一種，源於日本佐賀縣的有田市。有田瓷器歷史悠久，可以追溯到十七世紀初，是日本最古老的瓷器之一。有田瓷器廣泛應用於日本的宮廷和貴族之間，也成為日本的重要文化遺產之一。

我就這麼一邊想著，一邊從早上九點逛到下午時分，甚至忘記了午餐。

去市場，就在無法烹飪的挫折之後

第三天，我從早上就去了左岸的有機市場，買了鬆餅和可頌，喝了拿鐵咖啡，還買了大量的乾燥香草。我也買了少量可以在房間裡食用的番茄。

然後，我又接連逛了其他的市場。卡爾什拉坦[37]的「Monge Market」有許多露天種植的蔬菜。我還去了范尼斯大道（Cours de Vincennes）又大～又長的市場，還有康文市場（Marché Convention）。即使有各種各樣我喜歡的蔬菜、肉類、雞蛋和魚，但幾乎都無法購買，因為住飯店無法下廚，讓我感到非常遺憾。當我看著這些自由生長的蔬菜和野生蘑菇時，一個個食譜浮現在我的腦海中，我渴望下廚，無法自拔。

這份挫折感將轉化為回家後烹飪的喜悅，這是件美好的事情。我一邊這樣告訴自己，一邊走著。無論看、摸、品嚐，烹飪的熱情讓我的大腦都要沸騰了。這就是市集的魔力。

遇見命運的乳酪店

那一天我還走了很多路。在我想去的三個地方之後，還去了聖路易島。聖路易島是西堤島的鄰近小島，西堤島有著巴黎聖母院。

漫步其中，你會發現很多可愛的小店。其中，貝帝雍（Berthillon）冰淇淋店的可愛程度更是令人驚嘆！我品嚐了一杯上面堆滿驚人分量的奶油和深色巧克力的冰淇淋，這可以讓我心情愉快一整年。

然後，我穿過馬里橋[38]向聖保羅火車站的方向走去。在那裡我遇到了命運之店，洛朗・杜博瓦乳酪店。

「Fromagerie Laurent Dubois」，洛朗・杜博瓦[39]的乳酪店。打開門時，會看到一排排美麗的乳酪，看起來非常美味，讓人忍不住想用刀切一塊來吃。我挑選了兩種小而奢華

㊲卡爾什拉坦（Karlskrona）位於巴黎的左岸，是一個充滿活力的社區，以其豐富的歷史、文化和生活氛圍而著稱。

㊳馬里橋（Pont Marie）是位於法國巴黎塞納河上的一座橋梁，連接聖路易島和巴黎市政廳，橋名取自造橋的工程師克里斯托夫・馬里。該橋是巴黎歷史最悠久的橋梁之一，始建於一六一四年，為一座石拱橋，共有五個石拱，每個外形都不一樣。

㊴洛朗・杜博瓦：巴黎著名起司名店，二〇〇〇年店主曾獲得乳酪類法國最佳工藝師（MOF）的殊榮。

的乳酪，準備回飯店享用。

這是如此美味，以至於我再次與先生會合後又去了一次。稍後我查了一下，這是一家非常受歡迎的乳酪店，在巴黎有四家店面，而老闆洛朗・杜博瓦先生也是一位非常有名的乳酪師和企業家。

在我結帳時發生了一件事情。收銀台的男性突然舉起一個透明文件夾，上面畫著一隻雞，不對，是一隻華麗的鬥雞。我喃喃自語道：「那個？也許是雞？」他眨眼說：「excellent！」表明了我不會法語後，他給了一張用英語寫的小傳單。

令人驚訝的是，在巴黎市立小皇宮美術館（Petit Palais），正在舉辦若冲展！伊藤若冲（一七一六年～一八〇〇年）是一位活躍於京都江戶時代中期的畫家，以精細的描繪、鮮豔的色彩和可愛的表情而在日本國內享有極高的人氣（翻譯自傳單）。在日本，因為畏懼謠言中的排隊長龍，因此錯過了若冲展。但現在卻能在巴黎看到！

太棒了，我要去看看！

日本的驕傲，若冲萬歲！

雖然已經過了下午三點，但在Google地圖上查詢後，發現有公車可抵達。我搭乘沿著塞納河行駛的公車前往小皇宮。

小皇宮是一座坐落在協和廣場之外、外觀華麗的巴黎市立美術館。我以前從未到過這種宮殿巍然矗立，具有典型法國威壓的區域（純屬個人感受）。那裡正在舉辦若冲展！

在公車上查閱後發現，這是歐洲首次舉辦的大規模若冲展。展覽將展出日本東京皇居內三之丸尚藏館的若冲最高傑作〈動植綵繪〉（三十幅）和京都相國寺收藏的〈釋迦三尊像〉，在法國也引起了熱烈的討論，哇！

到達之後，哇！許多法國人排隊等候。等待一小時才輪到我入場。我有些猶豫，但因為覺得很有趣，所以決定去排隊了。

在我前面排隊的兩位時髦的法國女士一直在聊天，為了打發時間，我就自行腦內翻譯起來。

「聽說在日本要等四個小時才能進場呢！這是歐洲規模最大的展覽，這樣的機會實在難得。」「日本畫和浮世繪真是令人著迷啊～」「印象派畫家也受到了影響。如果沒有他們，也許就沒有奧賽美術館了？」（這是自己腦補的翻譯，因為我不懂法語！）

然後，終於進入了展場，令人震驚。真不愧是法國，若冲就在近處！展出了許多若冲的作品！相較於日本，這裡距離畫作更近。法國人正在熱情地指著愛心形的孔雀羽毛或是極可愛的章魚臉，比畫著熱烈地談論著細節。大家都很興奮，現場熙熙攘攘。即使是購買紀念筆記和明信片，也要大排長龍等待。

當我終於排到收銀台時，剛才排隊的法國女士們走了過來，拍了拍我的肩膀，並說了一句「excellent！」出現了第二個「excellent」！我心裡不禁得意地想著「呵呵，就是啊！」我們握手致意，或許是因為我們一起排了一小時的緣故，她們知道我是日本人。「長蛇般的隊伍，只有一個收銀員，很有法國風味。」這樣的話，我默默接受了。

雖然這是我第一次如此近距離地欣賞若冲的作品，但我突然感到驕傲，一邊眺望著即將入夜的巴黎街景，一邊坐上公車回到飯店。

與另一半一起寫明信片

除了旅程本身的愉悅，充滿幸福感的來源是很高興自己能獨自享受巴黎之旅。我曾擔心旅遊的體力可能已經減弱，但能平安度過四天三夜，讓我感到非常高興。

晚上，品嚐著從洛朗・杜博瓦購買回來，上面放了白葡萄像甜點一樣的起司，還有很像成熟濃郁的埃普瓦斯起司[40]的東西（詳情不明），同時享用著剩下的葡萄酒，一邊整理行李。

然後我要在明信片上寫上給兩人的留言，寄到那個另一半應該已經出發，從今晚開始再沒有任何人的家裡。明天，就貼上郵票寄出吧！

第二天早上，我去晨跑了。從歌劇院經過羅浮宮美術館前面，沿著塞納河與當地的跑者一起跑步，感覺真好！

終於，今天我要跟從日本來的先生會合了。不知不覺中已經存了滿滿的好心情，應該可以高高興興迎接他，分享這四天三夜所累積下來的話吧。

㊵ 埃普瓦斯起司：產自法國勃艮第地區，以小鎮埃普瓦斯命名。埃普瓦斯起司重四五四克，呈小圓盤狀，起司肉質地柔軟，味道濃烈。

給自己無條件寵愛的旅程——曼谷

你曾參加過不認識的人，也就是毫不相干的他人葬禮嗎？

我曾參加過兩次。其中一次是作家森瑤子的葬禮。

在四谷的聖依納爵教堂[41]舉行的葬禮與其他葬禮完全不同。祭壇裝飾著滿滿的紅玫瑰，中間是一架雪白的鋼琴，空氣中飄著甜美的香氣，大部分來參加的人戴著華麗的帽子、穿著優雅的西裝和高跟鞋。據說這是根據森瑤子的遺言「大家都打扮漂亮再來」的要求。

事實上，在她生前，我只偶然見過她一次。在某一個廣播電台，我坐在長桌的一端，而她剛好坐在另一端。由於我是讀過全部作品的粉絲，所以馬上就認出了森小姐。

我們可能坐在兩端約十分鐘。然後我鼓起勇氣，請她在我當時手上一個紅色的文件夾上簽名。這樣的舉動對我來說是前所未有的。她寫下了「不可思議的相逢　森瑤子」的字樣。我至今仍然珍藏著。

不到一年的時間，五十二歲的時候，她就離開了人世。她最後一部作品是《亂世佳人》（*Gone with the Wind*）的續集《郝思嘉》的翻譯。那天她是來上廣播節目宣傳這部作品。

追尋著嚮往的那個人

要說我被森瑤子小說中的哪些事物所吸引，那就是優雅迷人的女性與旅行。雖然很老套。

主角可以被評價為英姿颯爽的女人。她們在與戀人、丈夫或母親之間的矛盾中苦惱，描繪出身心交瘁的樣子，這些包括她們的忍耐，都能讓人感覺是很酷的女人。她們總是讓人感覺到「孤獨」。即使被家人包圍，即使身處華麗的世界中，也是能夠獨自決定、獨自

㊶聖依納爵教堂：是位於日本東京都千代田區麴町的天主教教堂，緊鄰上智大學與四谷站。教堂名取自耶穌會會祖依納爵・羅耀拉。（維基百科）

承擔、獨自享受的女人。這可能就是森瑤子本人吧，我自作主張地這麼認為。

其中一部作品《望鄉》（日本角川文庫），講述了一名蘇格蘭女性嫁給日本日果威士忌（Nikka Whisky）的創始人並在北海道定居的自傳式故事。我覺得這就像是一名自主、堅強且溫柔的女性長途旅行的故事。

森瑤子以喜愛旅行而聞名，她在加拿大和沖繩都擁有別墅。她寫了許多關於這些地方和旅行的散文，在非日常的環境中，我被她描述的那種自由和面對自己的方式所吸引。我覺得，森瑤子也渴望著旅行帶來的獨特刺激（這是我自己的想像）。

我強烈渴望去拜訪森瑤子所描繪的地方，而且想要獨自前往，於是帶著勇氣打開門的是泰國曼谷的文華東方酒店。

在The Bar享受白葡萄酒

森瑤子的小說和散文中多次提到的「The Oriental Bangkok」，現在已成為曼谷文華東方酒店（Mandarin Oriental Bangkok）。於一八八七年在湄南河畔建立，是曼谷最早的西式酒店之一。聽說它曾是曼谷最繁華的地方。

長期以來，曾多次被評選為世界頂級酒店之一。大廳以其獨特之處被稱為「大廳中的大廳」，俗稱「The Lobby」，而位於其中的竹酒吧則被稱為「The Bar」。

森瑤子筆下的男服務生活潑靈活，像貓一樣，而女服務生穿著泰式長裙，裙襬開衩露出美麗的雙腿。我想要在那裡親身體驗，彷彿空氣中布置了陷阱一般，瀰漫著南洋的氣息和香味。

然而，由於我是個膽小鬼，選擇在相對人少容易進入的白天去嘗試。然後，我鼓起勇氣坐在藤椅上。

在這種情況下，五星級酒店真的很不錯。菜單很快就送上來了，美女服務人員友善地微笑。雖然我也想點一杯莫希托或新加坡司令，但我卻像熟客般點了一杯白葡萄酒，說實話，如果是第一杯的話，還是點習慣的酒比較輕鬆。

完美的服務，不吝惜提供堅果和果乾（味道很不錯）。天空般的天花板，被大傘包裹住的燈光，餐具的回響聲。我被這種奢華與精緻的共存所吸引，也因為一個人而感到興奮，但同時也有些困惑，我是誰？這是哪裡？時間彷彿停滯了，被非日常感包圍著。是的，即使在正午也是這種感覺。

彷彿我已成為森瑤子筆下那名酷酷的女性這種舒適的錯覺。雖然僅僅是一種錯覺，但如果你和我一樣是泡沫世代，那麼大腦中應該也會迴盪著「真是愉快啊～」

此外，跟紐約的同級酒店相比的話，最後結帳時會驚訝於費用並不像想像的那樣傷荷包，CP值最高了，不是嗎？

只縱情，不觀光的單人旅行

我第一次去泰國曼谷已經是大約三十五年前了。那是一次家庭旅行。此後，我與家人、朋友、先生，以及自己一人，已經去了約三十次，這實際上是我造訪最多的海外城市。現在，讓我來介紹一下在曼谷的旅行方式吧。

曼谷在二十多年前開通了像是東京有軌電車般的天空列車（BTS Skytrain），然後地鐵也蓋好了，這使得獨自一人旅行變得更加容易。

前往度假勝地，如普吉島和蘇美島等島嶼，或是像清邁這樣的地方城市，最好是與家人或朋友一起前往。因此，我建議在這種旅行前，可以一個人先去曼谷停留一兩晚，給自己放個假，不觀光只放縱。這是我多次嘗試過的方式。雖然有些對不起家人的感覺，但我可以在一間美妙的酒店盡情享受非日常感，進行不觀光的一個人之旅。

總的來說，曼谷是一個旅館酒店天堂。即使在過去的十年裡可以說是物價飛漲，但我認為可以輕鬆獨自旅行的大城市裡，曼谷仍是「最高級酒店中性價比最好」的城市。每家酒店都有出色的室內設計，每個地方都充滿了特色，現代而洗鍊精緻，適當程度的華麗，不太過保守。

早上，不設鬧鐘醒來，躺在柔軟的純棉床單上悠閒地度過時光。白天，在空曠的游泳池裡再次放鬆身心。可以在稍微冷的深水池裡輕鬆游泳。從下午三點到晚上八點左右逛街和購物。夜晚回到酒店，因為我住在這裡，所以去酒店的酒吧看看。通常，我對單獨喝酒有些抗拒，但在酒店的酒吧裡，就算是膽小如我也可以應付得來。

身處待客之國泰國，沒有那種「你一個人？」的眼光，即使客人表現出無動於衷的態度，也能享受周到完美的服務。

勇敢地點一杯睡前酒吧！這比你預期的更令人開心。

住在哪裡？

剛才介紹了在曼谷文華東方酒店「The Bar」進行的小小冒險。這是一家歷史悠久的代表性酒店，有被稱為「名人套房」的房間，作家如威廉・薩默塞特・毛姆（William Somerset Maugham）曾經長住，還有可以觸摸到湄南河的樓中樓房間。

可以乘坐酒店的船過湄南河。在對岸新建成的購物中心暹羅天地（ICONSIAM）裡面，有獨自前來也能輕鬆逛的泰國各地美食廣場，也有可以在露天陽台上欣賞日落並輕鬆享受啤酒的店家，真是太好了。

乘坐酒店的船，你就不會迷路，甚至一個人也能感到安心。而且，這家酒店毗鄰BTS[42]車站，非常方便。

在曼谷還有許多現代化且先進的時尚酒店。例如，在市中心的暹羅區，許多酒店都與BTS車站相連，方便客人前往百貨公司和購物中心，而不受雨水的影響。

這其中有棟建築是以白色為基調，稍微有些無機質感的「曼谷柏悅酒店」（Park Hyatt Bangkok）。在可以俯瞰整個曼谷的高樓層上，有個雖然小巧但看似無邊際的泳池，夕陽景色美不勝收。在泰國，即使在高樓層周圍也沒有欄杆，所以看起來很恐怖（實際上是有點恐怖）。露天酒吧也很舒適，我覺得即是獨自前來也無妨。當你從酒店出來，進入大人專屬的高端購物中心時，這裡非常安靜。樓下有高級超市，以及可以一個人輕鬆享受當地食物的乾淨美食廣場。

此外，暹羅百麗宮（Siam Paragon）是曼谷市中心最熱鬧的家庭式購物中心，裡面有曼谷暹羅凱賓斯基酒店（Siam Kempinski Hotel Bangkok）。酒店內非常安靜，花園泳池也很美麗。一樓還有米其林二星的現代泰國料理餐廳。

在與暹羅百麗宮相連的地方，有一個時尚的咖啡廳和現代化的美食廣場，由泰國知名美食品牌Greyhound（灰狗）經營，即使一個人來也不用煩惱如何吃飯。

從BTS的拉查丹利站（Ratchadamri）步行不遠，就有曼谷安納塔拉暹羅酒店（Anantara Siam Bangkok Hotel，前身是四季酒店），也是歷史悠久，與文華東方酒店齊名。這裡的泰式建築給人一種寧靜感。客房羅列的迴廊上放置了許多鮮豔的九重葛，而桃花心木的門和欄杆都經過精心打磨，一些房間可以俯瞰前方的賽馬場。從大堂正前方通往二樓的樓梯和壁畫令人驚豔，是一個熱門的拍照景點。儘管位於市中心，這家酒店的游泳池又大又深，也是一個亮點。

作為一個旅行者，當你獨自身處於亞洲最高級酒店的大廳或游泳池時，會突然意識到：哦，我是日本人。這是因為你會重新確認自己作為一個日本人以及擁有日本護照在世界中的地位。

㊷ BTS：位於泰國曼谷的大眾運輸系統（Bangkok Mass Transit System，英語簡稱：BTS），又稱曼谷天鐵，別稱高架電車、Sky Train、空鐵。此處文華東方酒店碼頭旁的車站是Saphan Taksin（沙潘塔克辛站）。

日本人不僅可以去世界上幾乎任何地方，而且在很多地方都能夠很容易地生活。例如，在這種幾乎很少涉足的超高級酒店中，我也可以毫無不快地度過，這也是因為我是日本人。但是自己也感受到了這個位置的變化，所以不知道未來會變得怎麼樣。

此外，我也察覺到在像泰國這樣真實的階級社會中生活的困難。階級差異、階級化的加深使得不同階級之間的交流更加困難。不僅僅是住房、汽車和私人物品的差異，還有購物地點、住宿地點以及進出各種場所都被清楚地劃分。雖然日本的階級差異也不斷加劇，但還好，還沒有到達明顯分裂的程度（也許）。正因為是身為異鄉人的日本人，我才能看到許多不同的事物。

在日常生活中，我會看到極其富有（很容易就能辨識出來）的人。作為旁觀者觀察周圍的人間百態，思考著坐在籃子中和推動籃子的人之間的區別是從何處產生，想著在日本的時候很少會考慮的事情。這也是一段不錯的時光。

在不抄襲的泰國，找泰國品牌

順便說一句，泰國是設計大國。在被稱為抄襲天堂的一些亞洲國家中，泰國是一個明顯偏愛原創的國家。泰國設計師的品牌中有很多獨特的服裝設計，不會讓人覺得似曾相識，你可以在百貨公司和購物中心找到它們。也有人評價道：「泰國設計師擅長展現身體線條的美感」「喜歡與眾不同的設計」。

有些時尚品牌首先在著名的、僅週末開放的大型市場恰圖恰市集（Chatuchak Weekend Market）開設小型店鋪，然後在該市場受到關注的區域中開店，隨著人氣增加，進而在曼谷市中心的商場開設直營店或咖啡館。有幾個時尚品牌都經歷過這樣的成功故事。

在曼谷旅行遇到週末的話，我會特地前往週末市集，即使是安排在酒店裡閉門不出的旅程中也要去。這裡距離BTS的巫七（Mo Chit）站步行約五分鐘，據說有一萬多家店鋪。

首先是時尚區域。在第二區附近鋪設了地磚的區域，聚集了一些受歡迎的泰國品牌。你可以找到夏天時髦的連衣裙，以及不管有多少件，都非常實用、百分之百純棉的吊帶背心（約六百日圓），還有獨特的T恤。

廚房用具也很推薦。從真黃銅製成的鍋、銀製或不鏽鋼的餐具，到現代設計的筷子和籃子等等，我已經帶了各種各樣的東西回東京。在白天，即使一個人逛也完全沒問題，但需要注意扒手。

穿過這個市場前的大馬路，有一個新穎且乾淨的安多哥市場（Or Tor Kor Market）。這是由泰國農業合作社直營的市場，提供酒店裡可以品嚐到的各種水果。雖然位於當地的孔提老市場（Klong Toey）更具有地方特色和野性，但比較難以到達，如果是獨自一人的話，這裡更加乾淨舒適、安全可靠。

不走觀光行程的旅行，只有獨自旅行時，才能辦到。毫不猶豫地進行：放棄早起、享受游泳池、按摩、血拼購物、在酒店大堂喝酒之類，徹底寵愛自己，當作獎勵性的旅遊。比起旅行前，感覺自己可以比平常更加十倍地友善對待他人了。

Part 4

我享受旅行快樂的方法

獨自旅行是給自己獨處的時間。我決定全心享受這段時間。

即使沒有語言能力，我也學會了如何旅行

我從五十歲開始的獨自旅行，對我來說，是一次完全沉浸在自己之中的旅程，從頭到腳，我都想要完全沉浸在其中。我想像自己像是站在裸露的海灘上，從腳尖到頭頂都完全浸沒在水中，感覺自己非常舒適，非常幸福。

因此，我不會想要和人聊天，也不想要交朋友，相反地，整天不和任何人說話對我來說完全沒問題。有時候會有美好的邂逅，但那些只是意外的獎勵，像是額外的贈品一樣。

儘管如此，有些場合還是需要溝通。特別是當我們身處於語言不通的國外時，感到焦慮是很正常的。

但是，可以隨身攜帶的智慧型手機以及Google和社交媒體已經徹底改變了旅行的方式。我認為，旅行中的溝通方式也發生了變化。

當遇到「不懂的單字」時，我們可以立即查詢，甚至還有朗讀的功能，可以讓對方聽到。

多虧了各種應用程式，即使遇到我們必須表達某些內容的困難時刻，也可以透過翻譯來解決。只要連得上網，我們還可以使用LINE或Facebook進行免費通話或發送消息，因此在遇到困難時也可以諮詢有經驗的人。

我自己非常喜歡使用的英語翻譯應用程式是「DeepL」（deepl.com）。根據熟悉翻譯軟體的朋友所述，將日語翻譯成非英語語言時，多數軟體似乎是先轉換為英語，然後再翻譯為其他語言。特別是對於像日語或泰語這樣，使用者相對較少的語言，這種模式更為常見。

例如，如果要將日語翻譯成中文，通常不會直接從日語翻譯為中文，而是先將日語轉換為英語，然後再翻譯為中文。翻譯軟體中的謎樣中文翻譯，其中一個原因就是在將日語翻譯成英語時可能會存在偏差，而再轉換為中文時，這種偏差可能會進一步放大。

因此，如果時間允許，我會將設定調整為日語↓英語，首先將日語翻譯為英語，然後根據英語內容確認，然後再將設定調整為英語↓中文再翻譯。根據我多次的經驗，這樣的流程透過英語中介進行的翻譯可能更為準確。

此外，也有一些方便的翻譯機可供使用。在新冠疫情結束後的台灣之行中，我嘗試使用了「Pocketalk」翻譯機。這款翻譯機體積小巧，一手就可掌握，非常便於攜帶。例如，將設定調整為日語和中文（台灣華語／繁體字），然後用日語對著翻譯機說話，它會將其翻譯為中文並朗讀出來。對方說話時，它會用日語聲音回應。雖然需要說得緩慢清晰，並且盡量簡潔地表達主詞和謂語，但大致上是通順的。相信未來這方面的技術還會不斷進步。

想要表達喜悅

迄今為止，在海外獨自旅行中，必須以當地語言「準確地」表達的情況並不多見。抱怨或投訴可以透過表情和氛圍傳達，而我想做的事情，即使用拙劣的語言也能表達出來。最困難的是閒聊。我已經多次經歷了不能隨便聊聊甚感遺憾的情況。即使對話並不是必要的，但對方說的話我卻聽不懂，這也很惆悵。而且，更令人遺憾的是，我無法表達想要傳達的喜悅或感謝之情。

例如，「非常好吃，特別是〇〇讓我感動」之類的話，或者「非常好吃，但吃飽了，把剩下的東西浪費了，對不起」等等。

由於這樣太令人遺憾，我開始努力傳達，不要放棄。有時候我會寫在紙上，有時候我會努力發音。

這是發生在台北的故事。在旅途中，我去了好幾次一家台南出身的媽媽經營的餐廳，位於天母士東市場的二樓，總是座無虛席。

雖然每次去我都會說「很好吃」，但在返回日本之前，我想表達更多的想法。「我喜歡你簡單而溫柔口味的料理。你沒有使用味精調料，對吧？這家餐廳是我唯一多次光顧的地方。雖然我要回日本了，但我一定會再來的」，這些是我想說的話。

所以，我用手機按照日文→英文→中文的順序進行翻譯，然後寫在紙上。我覺得台灣使用的繁體字是世界上最難的漢字，但如果努力的話還是可以寫出來，這是日本人的強項。我在離開時把這張紙遞給了那位媽媽。

當時看到母親臉上的表情，至今仍然難以忘懷。她瞬間變得明亮起來，緊緊地握住了我的手。

仔細想想，這在日本或任何地方都是一樣。如果食物好吃，就會說出「好吃」。這樣一來，料理人就能理解，我相信他們一定會很高興。而我也因為能傳達這個訊息而感到開心。

因此，除了說「你好」和「謝謝」之外，我也會努力使用當地的語言說出「好吃」、「非常好吃」和「我會再來吃的」。

即使不與任何人交談也無妨

通常人們會認為，只要能說日語就能良好溝通，但我並不這麼認為，每天都有這樣的感覺。溝通很難。即使年紀漸長，也完全沒有變得更加擅長。

閱讀料理研究家山本ゆり的散文集《話多卻害羞》（日本扶桑社）時，我曾經有過「對！就是這樣」的感受。原來山本女士其實是個害羞的人，對於與陌生人的溝通感到不安，因此害怕沉默而變得健談。這就是所謂的「話多卻害羞」。

我也有這樣的傾向，因為害怕沉默，所以經常會說出令人意想不到或不必要的話，然後感到沮喪，並經常反省。我希望自己成為能夠忽略沉默的人。我希望能夠善於與初次見面的人溝通。但這確實是一個令人困擾，倍感壓力之事。

獨自旅行是自日常瑣碎煩惱解脫的時間。因此，我在國內旅行時，也像在語言不通的海外一樣，保持沉默。即使是整天都沒有和任何人說話的日子，也是心情舒適的。

另一方面，與完全陌生的人一起，以一期一會的方式，可以在空白的狀態下交談，這也是旅行的趣味之一。

這似乎與我害羞的性格矛盾，但彼此不知道對方是誰，也不知道對方做什麼工作，而僅僅是在這裡，互相稱讚這裡的水餃好吃，或者不由自主地在泡溫泉時互相交談，這樣的小城市信息交換是非常有趣的。這讓人感到溫暖。雖然關係不會更深，但對我來說，這可能正是旅行中放鬆自己的最佳方式。

在傳遞讚美的活動中讓自己開心起來

我在獨自旅行時常做的一件事就是進行「傳遞讚美」活動。當我對車站工作人員或店員所做的事情感到讚賞時，就會大聲說出「太棒了，謝謝！」表達讚美，就只是這樣。

例如，當車站工作人員告訴我一些事情時，我會清楚地表達感謝之情：「感謝您詳細說明，真的幫了我很大的忙，非常感謝！」在餐廳裡，如果服務員為我的杯子加水，我會說「謝謝您，這個時機非常完美」，即使通常我只是在心裡這樣想，但在活動期間，我就會大聲說出來。另外，如果我覺得某件T恤很可愛，我也會說「這件T恤非常可愛」。即使有些人對此感到尷尬。

在活動期間，我會想要多幾次「傳遞讚美」，想要表揚別人，所以我會專注於尋找值得表揚的地方，這讓我變成了與平時不同的自己，這種變化相當有趣。

例如，當看到店員正在悠閒地包裝商品時。在東京這個總是匆忙的地方，我心裡可能會不由自主地喊著「太慢了，快一點～」但在活動期間，我會想著「她做事情時非常細心。好的，我要對她表示感謝，要稱讚她！」這樣我就不會感到惱火了。

進行這個活動時，我要稱讚對方，然後不知不覺間自己也變得開心起來。不知怎的，心裡就充滿了溫柔的感覺，或許可以說變得更加寬容吧。

「嘖，其實平常也該這樣啊」，可以聽到心底傳來的聲音。是的，正是如此。我也一直希望自己能保持這種態度。雖然是這麼希望，但在忙碌的日常生活中往往難以做到。這就是為什麼，旅行成了一個不錯的時機。

緣由是來自十幾年前在美國看到的一則保險公司電視廣告。廣告中的劇情是：當有人表現出善意時，受到善意對待的人會想要回報下一個人，於是善意會像連鎖反應一樣傳遞下去，形成一個善意的接力賽。後來我才知道這被稱為「Pay forward（Pay it forward）」讓愛傳出去。

在日本也有「報恩〈恩送り〉」這樣的詞語。當感受到對方的幫助並心存感激時，即使無法直接回報給當事人，也會對其他人表現出善意。這樣一來，受惠者又會將善意傳遞給下一個人，恩情也就逐漸傳遞開來。

獨自旅行時，我感覺彷彿重生，能夠更自然地行動。我希望自己能時刻成為那樣的人。這是我每天努力的目標。

從社交媒體脫離

雖然我想要一些改變，但我卻無法讓談分手的話進展下去，而且我已經被她的魅力所困，彷彿成為自己的一部分，因此我無法脫離這段感情……是的，我在說社交媒體。

我本來是打算宣傳自己書籍和雜誌，但不知不覺間又沉迷於Instagram和Facebook。當我意識到時，時間已過了一大半，這種情況十分常見。

我的眼睛也逐漸變差，脖子上的皺紋增加，背部也經常感到疼痛。與那些沒有社交媒體的上一代相比，我們的身體消耗程度可能相差數倍。即使如此，仍然無法脫離。

特別是在獨自旅行時，旅行時不知為何看社群媒體的時間會大幅減少。雖說獨自行動時反而應該看得時間會增加才是。

查看谷歌地圖時，會看一下社群媒體照片確認想去的地方，但不會長時間瀏覽Instagram。有時會忘記查看LINE或郵件（真是抱歉）。可能是周圍有許多想看的景色，或者是因為緊張而心跳加速，手機使用時間甚至會少於平時四分之一。這感覺真的很舒服（如果這樣的話，平時也不用看↓請回到本段的開頭）。

獨自旅行的魅力在於從緊張的時間狀態和疲於應付的人群中解放出來。雖然社群媒體不會直接與人見面，但也許會比與人見面更加耗費精力。從社群媒體脫離，成為獨自旅行的額外樂趣點。

推薦早上晨跑

獨自旅行中的一大樂趣就是晨跑。我有個想去跑步的城市……這樣說起來我像是一個厲害的專業跑者，但實際上並非如此，我只是一個極度平凡、極限是五公里的跑者，或者應該說是休閒的慢跑者。

並不是自吹自擂，但直到某個年紀，我都跑不了二百公尺。從小就笨手笨腳，總是在短跑比賽中排名墊底。在高中體育課上長距離跑步課程時，我總是在想著怎樣才能蹺掉，只想著這個。後來是為了消除運動不足開始慢慢地跑步，發現在自己的節奏下能夠輕鬆地跑到五公里。而且，還開始喜歡跑步，連自己都感到驚訝。特別是在旅行目的地的晨跑，最令我能享受其中。

早晨屬於當地居民，跑步讓我融入他們的行列

每次獨自旅行，我幾乎總是在早晨去跑步。

和朋友一起旅行時，我們常常待到很晚才離開酒吧，或者聊到半夜，熬夜也變得很有趣。雖然如此，當我獨自一人旅遊時，我會早早回到房間，期待著早晨的跑步而入睡。

早晨跑步的第一個原因是，透過跑步，我能感受到彷彿成為當地居民的心情。當我重新開始獨自旅行時，我發現早晨是對旅人最好的禮物。

早晨屬於當地居民。在夜晚的街道和白天的觀光中，旅人和當地居民之間的區別可能不太明顯，但在早晨卻顯而易見。一邊觀察著平常的日常生活，旅人的我似乎擁有當地居民面孔地奔跑著。這種彷彿就住在這裡的舒適錯覺非常有趣。

理由之二，可以稱之為前期考察，就是在出發前先稍微確認一下。去看一下那天打算去的店家，或者想去但還在猶豫的店家，可以邊跑邊看。

畢竟早晨有著街道素顏的一面。稀稀落落的行人，空無一人的辦公室，安靜的繁華街道。我們可以一窺平時看不到的幕後景象。

雖然我對自己的品味不是很有信心，但例如當我早上經過自己感興趣的小餐館時，會

不禁想要發表一些評論，比如吐槽「怎麼會擺成這樣呢？」並描述一些可能發現的情況，比如門口有垃圾、或者有食品材料雜亂地堆放在看不見的地方。而另一方面，你認為很棒的店家或者有你欣賞的大廚的店家，即使是在清晨，也已經做好迎接客人的準備了（根據我的調查）。

用倍速播放觀看城市

第三個理由是，我很貪心。既然到了這個城市旅行，就想要盡量多看看四周。即使不是旅行目的地，如果有機會的話，我也想去一些著名的旅遊景點。而且很貪心地想，最好是用自己的腳走遍。

但時間是有限的。所以我會在早上跑步去嘗試。跑步比走路能在同樣的時間內走更大的範圍。大約需要四十到五十分鐘的時間。

我的跑步速度最多也只有每公里花費八到九分鐘，但我仍然可以跑到比步行範圍更廣，約一・五到二倍的路程。如果有我感興趣的地方，我也可以放慢速度湊近去看看。

最近聽說年輕人似乎喜歡用倍速播放看電視劇和電影。我在早晨的跑步中，或許也在倍數播放看著城市。

以前因為時間緊迫，我曾經放棄過無法前往的公園和古城等名勝。但現在我會快速地參觀。甲府城、松本城、山形城以及周圍的市民休憩公園……我都是在晨跑中，了解了它們的魅力。

我想起了地震的半年前跑過的熊本城，被城牆的壯觀所震撼的我，甚至停下腳步，將手掌放在冰冷的巨石上。那麼壯觀的石牆竟然倒塌了……。

為了跑步做好準備

當計畫在旅行中跑步時，你需要做一些準備。

首先是衣服和鞋子。我會帶一雙可以穿著散步並且容易搭配各種服裝的跑步鞋。現在，愛迪達和耐吉等品牌都有很多看起來不像跑步鞋的時尚運動鞋。因為這些鞋子舒適，適合走路，所以也非常適合跑步的行程。

然後是一件尼龍夾克。這是一件能遮擋到臀部的輕便夾克，最好有帽子可以應對突如其來的雨。清洗好如果能一晚上就乾的話，那就更好了。

穿上這件夾克，裡面的衣服是不會被看見的。所以你可以穿上舊得快扔掉的T恤或長袖內衣。下身可以搭配貼身的跑步褲，甚至可以是緊身褲（或是內搭褲?·leggings）。

最後，一個小巧的跑步包絕對是必備的。它可以掛在肩膀、腰部或手臂上，使雙手空出來，而且體積小巧。包裡裝上手機、信用卡或兩千日圓左右的現金，還有酒店房卡。

開始跑步之後，就想要記錄起來，所以我會點開手機應用程式「NikeRunClub」。它會記錄你跑步的路線，這樣可以回顧那時候在哪裡跑了多遠。它會透過語音通知「已經完成一公里～」之類，告訴你距離和時間，這也是跑步的動力。

最好還有耳機。你可以一邊聽當地音樂家的音樂一邊跑步。在東京，我經常一邊聽著落語[43]一邊跑步。

決定跑步路線的方法

雖然路線取決於心情，但我會把想去的商店或想看的觀光景點當作目的地。有一個明確的目的地比漫無目的的跑步更有趣。就像徒步旅行一樣，我會在Google地圖上選擇來回約四到五公里可以到的地方作為起點。

有時候，我會沿著貫穿整個城市的大道直接跑，或者選擇風景優美的地方，或者因為我喜歡大海，所以會直接朝海邊跑去。如果遇到一家很棒的咖啡店，並且覺得自己後來可能沒有機會再來，我可能會突然停下來喝一杯咖啡。

有一次在金澤的跑步途中，我遇到了平時總是大排長龍的麵包店「Hirami Pan」（ひらみぱん），卻奇蹟般地只有兩個人在排隊，於是我停下來買了一些麵包，然後步行回家。我通常在早上七點或八點左右開始跑步。這是抓住熱門麵包店在早晨第一批出爐麵包的好時間。這種類似體驗在各地都有。

為了去想去的城市晨跑

有一次我在晨跑的時候覺得福岡和大阪很像。兩者都有從JR的終點站開始，大阪是從北到南，福岡是從東到西，幾乎是一條筆直的街道，中間有一條較大的河流。都有著靠近車站的鬧區（大阪是北部，福岡是車站周圍）和沿河的繁華街區（大阪是南部，福岡是中洲）。從福岡站跑到中洲時，我覺得有點像是在道頓堀。

㊸落語：日本的傳統表演之一，類似單口相聲。落語家（rakugoka）講述各種幽默、滑稽或戲劇性的故事，通常是以對話的形式，以引人入勝的方式演繹角色、情節和笑話。落語通常包括精心設計的哏，需要講者有良好的口才和表演技巧。

跑步中還發現了這樣的共通點：有些城市確實適合晨跑。我很享受晨跑之旅的城市包括京都、大阪（詳情請參見第107頁）、松本、水戶、鎌倉、長崎、那霸，還有我不熟悉的東京。

京都有一百五十多個地方我想要去看（苦笑），每次都會選一個地方跑跑看。寺廟和神社在清晨也有不同的景象。很多地方從早上就開始營業，早上六點你可以獨享清水（寺）的舞台。還有沿著鴨川晨跑，是最讚的！

從松本車站繞到松本城，再到縣之森公園。然後回到起點，你就可以進行完整的松本遊覽。跑步的時候，會感受到這真是一個有著河流的城市。

然後是水戶。從水戶車站附近，櫻花樹羅列成行的櫻川旁，通往偕樂園的道路是我個人認為排名一、二的最美跑步路線之一。沿著河岸整修的道路奔跑，越過千波大橋後，兩側是被千波湖和櫻川夾著的水邊道路。這樣的地形很少見，光站在這條路邊就會提升情緒！感覺非常愉快。千波湖也可以繞一圈。穿過後便是偕樂園。光是這條路線就足以讓我想要去水戶跑步。

另外，東京也很吸引人。偶爾會去東京的東側旅行，例如上野或日本橋等地，對於住在東京西側的我來說是陌生的地方。這樣的早晨跑步是新鮮的。沿著隅田川、谷中、上野森林再跑到東京藝術大學之類的路線。這裡有一個未知的東京。即使是乘坐電車四十分鐘就能到達的地方，我總感覺這就是一趟旅行。

海外的話，尤其是冬天的巴黎，早晨跑向還沒有人的羅浮宮、盧森堡公園、奧賽美術館，呼出白色的氣息跨越橋上。只是回憶起來就令人心情激動。曾經邊眺望著有大型蜥蜴的池塘在曼谷的倫披尼公園（Lumphini Park）跑步，或者在紐約的中央公園和西岸跑步。在台北，我一早就跑遍了幾個市場，然後在終點享受早餐。雖然我以前連二百公尺都跑不了，但現在說真的，實在太棒了。

早晨跑步還附帶一個令人愉悅的額外禮物。即使速度很慢，跑完後還能感受到爽快的感覺。汗流滿面地回到房間，洗完澡的幸福感無與倫比。也許，這一刻的好心情，才是我早晨跑步的最大理由吧。

反過來用自然派葡萄酒找店家

在旅途中該吃什麼呢？而且還是一個人，對誰來說都是個值得關注的問題。對無比愛吃的我來說很重要，肯定不只有我關心。當然，美食總是旅行中的一大樂趣，甚至可以說是主題（不是嗎？）。

條件允許的話，我想找到一家不必太出名，但深受當地人喜愛的店家，吃到使用當地食材製作的料理。我會希望有一位有著堅持但不會太嚇人的廚師，如果店內氣氛明亮，這樣就讓我開心了。

此外（還有啊？），當然還是想吃到自己喜歡的料理種類。我喜歡口味不要太沉重，不要過火，也不要太濃烈的菜餚。我喜歡多多使用蔬菜，食材輪廓清晰，酸度運用得恰到好處的口味。在東京，我的標準也是一樣。

那麼，如何找到這樣的餐廳呢？平時，我會把發現的這類店家記錄在Google地圖上，或是聽聽其他人的口耳相傳介紹之類，但我經常使用的搜尋方式是「用自然派葡萄酒作為指南」來找店家。

當我在尋找餐廳時，會尋找那些提供「自然派葡萄酒」＝「自然酒」（Nature Wine＝Vin nature）的餐廳。

自然派葡萄酒＝自然酒是什麼？

為何尋找堅持自然派葡萄酒的店家，就能找到自己喜歡的餐廳呢？在回答之前，先來講講什麼是自然派葡萄酒吧？……儘管說了這麼多，但其實要定義它並不容易。愛好自然派葡萄酒的人們也不會斷言：「一定就是這個定義」，實際上可能會有各家不同的見解。

關於這點我是這麼想的：「釀酒師將葡萄酒視為來自葡萄的農產品。這些釀酒師像對待自己的孩子一樣珍惜有機葡萄，利用天然酵母進行發酵，而且不過度控制，製作出適合自己和家人品嚐的葡萄酒。」這聽起來很了不起，但實際上我與自然派葡萄酒的相遇卻有點遺憾。

與自然派葡萄酒的相遇

大約二十年前的事情。一位名叫艾倫・杜卡斯（Alain Ducasse）[44]的偉大法國廚師，與日本的辻調理師專門學校在東京開始共同經營了一所烹飪學校，我去那裡學習烹飪，是第一期的學生。

我們上午九點開始，直到下午四點左右，跟隨著杜卡斯集團的現役大廚學習，但不是在傳授廚師們技藝，而是讓我們跟隨廚房的活動觀摩學習。中午和下午有兩次品嚐完成的菜餚的機會，而下午因為快要回家，所以也會拿出葡萄酒來。

雖然只是一兩杯的分量，但實話實說，這葡萄酒很難喝。它和我之前喝過的葡萄酒味道完全不同，我甚至懷疑這到底算不算是葡萄酒。有些喝起來像葡萄汁，也有些聞起來味道十分奇怪的酒（我覺得像馬糞）。

接著有人跟我們說明：「這就是所謂的「自然派葡萄酒」。」聽說這些葡萄是有機的＝栽培時不使用化學肥料、除草劑和殺蟲劑，並且是手工採摘。他們堅持使用當地的酵母，並等待自然酵母在果皮等地方的作用下進行自然發酵，這就是製作這種葡萄酒的方式。他們告訴我，這酒與以往的葡萄酒完全不同，並且這樣的製酒方式未來將會變得更加普遍。

我再說一遍，這是大約二十幾年前的事情。唔，這種精神是很好的，我確實想品嚐這樣的葡萄酒。但是，這個酒……每次我都默默無言。

幾年後，在某個小酒館裡，遇見了一款完全符合我口味的紅酒。雖然是紅酒，但它酒體輕盈宜人，微妙地展現出風味，讓人心曠神怡。

那就是由馬賽爾・拉皮耶（Marcel Lapierre）製作的紅酒。稱作「薄酒萊」[45]，我一直以為是指新酒，但當店家向我解釋時，感到十分驚訝。「這是自然派葡萄酒。」他們這樣告訴我。

馬賽爾是自然派葡萄酒黎明時期的英雄，被稱為自然派葡萄酒之父，他的出色葡萄酒、製作方式和理念影響了許多釀酒師，使他們成為了自然派葡萄酒的生產者。

---

[44] 艾倫・杜卡斯（Alain Ducasse，一九五六年九月九三日—），出生於法國西南部城市奧爾泰茲，是一位名廚。他在摩納哥開設了「路易十五」餐廳，另外也在紐約及巴黎開設了兩間餐廳。這三間餐廳皆獲得著名美食評鑑「米其林指南」評為「三顆星」（最高等級），合計便有九星，杜卡斯因此也被稱為「九星名廚」。（維基百科）

[45] 薄酒萊（Beaujolais）不是一種葡萄酒，而是產區的名字。生產於法國勃艮第南部薄酒萊地區之葡萄酒。

唔，這與馬糞味完全不同，極其美味，讓人愉悅地品嚐了起來。然後，令我再次驚訝的是第二天。雖然我喝了相當多，但第二天卻感到清爽、輕鬆自在。

為什麼呢？身體的反應激起了我對葡萄酒製作深入了解的渴望。

尋找自然派愛好者的廚師！

經過對身體負擔減輕的自我實驗後，從那一天起，我就先開始尋找他的葡萄酒來品嚐。此外，我也得到了一些進口自然派葡萄酒的推薦商，開始根據瓶子上的品牌名選擇葡萄酒。

Nomura Unison、VinsCoeur & Co.、Racines，還有Diony Co., Ltd.等，不管是當時或是現今，都是我選酒的標誌進口商（現在已經更多了）。

在這樣的情況下，我注意到了一件事。那就是我愛去吃的餐廳，大多都喜愛供應自然派葡萄酒。有趣的是，幾乎所有的餐廳都是如此。不僅有義大利菜和法國料理，還有日本料理和燒烤店也是。實際上，它們跟和食料理很搭，而且日本的自然派葡萄酒生產商也逐漸增加了。

那些認為自己的料理和自然派葡萄酒很搭的廚師們所做的菜，我一定會喜歡，所以以酒的條件反向查詢餐廳是有效的。

🚃給自己和家人喝的葡萄酒、吃的食物

幾年前我去了法國，巡迴參觀了勃艮第和薄酒萊區的自然派葡萄酒生產商的酒莊。已故馬賽爾．拉皮耶（當時已經過世）在鄰近地區有位自然派葡萄酒製造商同伴尚．弗瓦伊耶爾，我也有機會去了他的酒莊。在濃霧籠罩的環境中，還看到了低矮的佳美[46]（葡萄品種）葡萄園，看起來採摘作業很辛苦。

於是我問女主人：「為什麼選擇自然派？」她回答說：「馬賽爾（拉皮耶）他們每天農活結束後就喝，我們也是這樣，所以想製作出對身體負擔更少的葡萄酒。」唔，明白了。

去拜訪使用了百分之百的有機原料，以及超過一百年木桶製作醬油的小豆島山久（Yamahisa）醬油廠時，記得當時聽到，他們一開始也是為了給家人使用才製作醬油。

㊻佳美，全名為白汁黑佳美，是一種古老的紅葡萄品種，十四世紀時勃艮第已將其用於釀製葡萄酒。是法國主要的紅葡萄品種之一，尤以釀造勃艮第的薄酒萊葡萄酒而聞名。（維基百科）

是做來給自己和家人吃的！這已經是最有力的一句話了，不是嗎？
我覺得自然派葡萄酒愛好者更傾向於選擇不受人為控制的酒類、原生種蔬菜、放牧肉和當地的魚類等等，很多人執著於使用在地食材。很多餐廳像是在為家人準備食物一樣，專心地看著客人的臉孔端出料理。
所以我認為，喜歡自然派葡萄酒，就像是一種小小的讓人安心的證明。

如何進行逆向搜尋呢？

一提起這個話題就很容易激動，不過，讓你久等了，那麼該如何尋找呢？
一種方法是使用一個名為「Raisin」的應用程式，可以找到附近的自然派葡萄酒店。雖然日本版的登錄商店數量還不算多，但在東京、大阪等城市地區，這個應用程式會成為一個尋找的線索。在巴黎它非常實用。
此外，你也可以在Instagram上搜尋。例如，在博多找店家，可以輸入「#博多#NatureWine#自然派」等關鍵字搜尋。然後查看出現的評論、照片以及店家的Instagram，感受其氛圍再決定。也可以在晨跑或散步時先去看看樣子。
曾經在水戶有段印象深刻的經歷。我在進行逆向搜尋時找到了兩家店。因為都設有吧檯，所以應該是可以一個人去，於是我依次前去，但當天兩家店都已客滿。

於是我問了第二家店的廚師：「除了這裡之外，水戶還有專注於自然派葡萄酒的店嗎？」他笑著說：「在水戶只有三家。」然後告訴了我第三家沒找到的店。

他們說因為有吧檯，可以一個人進去，不過我來到這裡時也幾乎客滿了。我勉強擠進了吧檯邊上的一個座位。這家店非常舒適，讓我想如果在東京也有開店的話，我會常來，一個人我也會推去的店家。這家店叫做「Loupiote」，距離水戶車站步行約五、六分鐘。

順便一提，先前提到的兩家店分別是「to_dining&dailygoodthings」和「Piste」。供應自然派葡萄酒的店家，尤其是在地方城市中，他們更可能知道附近還有哪些店家也堅持提供自然派葡萄酒。為了下一次的行程，詢問一下這方面的資訊也是種樂趣。

因此，我想去的店家清單，可以說是自然派葡萄酒的粉絲俱樂部。在京都和大阪篇幅中介紹過的店家，也大部分都是這樣找到的。

順便提一下，我在家平日喝的葡萄酒，以及在代官山的料理課程上提供的葡萄酒，都是百分之百的自然派。其中百分之八十是在「梯屋酒肆」（はしごや酒肆，Hashigoya Shushi，位於大田區山王，主要銷售自然派葡萄酒的酒商）的網站上購買。訂閱他們的電子報，每個月都會發送新葡萄酒的情報。這些信息非常詳細，也可以作為自然派葡萄酒的閱讀素材。

適當地給自己買一些紀念品

我喜歡在旅途中購買紀念品，以前常常念著「這個送給媽媽，那個送給奶奶，這個送給A君」，想著送禮對象的表情一邊購買。我也很喜歡這種禮物跟人好像很搭配的種種妄想時間，對我來說購買紀念品是旅行中的一個大活動。但是，自從開始獨自旅行後，我便意識到需要停止這種行為。

基本上，獨自旅行是讓自己獨處的時間。我決定全心享受這段時間。此外，為了讓獨自旅行更加舒適，行李應該盡量輕便，所以紀念品都是些買給自己的輕小物品。當然，食物除外。

市場和超市，出發吧！

我對食物的興趣和執著程度超乎尋常，甚至遠超出了朋友的想像，經常會讓他們感到驚訝。不，當我認真起來的時候，他們通常會閃到遠處去。

但是，如果是一個人的話就沒問題！我可以逛一整天。如果有市場，我一定會去逛一逛，試著吃一些從未見過的食物，並且一定會去當地的超市和百貨公司地下街。如果可以步行或搭乘公共交通工具可以抵達的話，我也想去道路休息站看看。

尤其是去當地人經常去的普通超市，這也與食譜的製作有關。因為我希望用盡可能身邊的、在超市就能買到的食材來烹飪。我不認為東京的超市就是標準。

價格也是一個有趣的話題。當我以十分之一東京價格找到優質黃瓜時，我會深深思考著，也許我是為了這個價差在工作著，或者我是不是應該繼續住在東京呢？同時，另一方面，我也會思索農民的收入是否足夠呢？等等問題。

在市場和超市裡，我也喜歡發現一些新奇的東西。如果遇到以前從未嚐過的食物，我會毫不猶豫地買下來；如果它們應該立刻食用才最美味，我會當場品嚐。

特別是在海外，如台灣、泰國、義大利等地，我總是攜帶一個「試吃套裝」，裡面裝有一雙筷子、一根湯匙和一個小紙杯，即使當天的目的地不是市場的日子，我也會隨身攜帶著，因為我知道在這樣的旅途中，總會有新的食材等待著我。

醬油、味噌、醋、地方酒

在國內旅行時，我會特別注意醬油、味噌和醋等能體現當地風情的調味料。過去，調味料是地區特色的體現，各地的釀造廠都生產當地特有的調味料。地域不同，調味料也會改變。調味料有變化，當地餐廳的料理味道也會有所不同，家庭的口味也會隨之改變。這些都是鄉土料理的核心，因此非常重要且值得珍惜。

特別是醬油，是一種能夠體現地域特色的調味料。當我到訪地方城市時，會尋找古老的醬油廠，選購一些作為自己的紀念品。

另外，有時候會遇到一些說法，例如「九州的醬油比較甜」，這讓我感到有些困擾（可能是被害妄想？）。不是因為我是長崎人而找藉口，根據我在全國各地尋找和品嚐醬油的經驗來看，我覺得糖分充足的甜味醬油才是更為普遍的味道。最近，我們也經常看到添加胺基酸等成分以增強風味的產品。由於過去通常不會這樣做，我會尋找標籤上只寫著「大豆、小麥、鹽」等成分的醬油，但有時在各種地區的醬油陳列中，卻很難找到沒有添加其他成分的醬油了。

醃漬物、水產加工品等保存食品、乾貨、麵條、農產品等各種食材，我看到就眼睛放光。大分縣國東半島的幻之二日海帶、長崎縣島原的手拉麵條、茨城縣日立市的鄉村烏龍麵、金澤市高木糀商店的味噌和甜酒等等，都是在旅行中遇到，後來長期訂購的食材。

此外，我也對地方酒和近年來越發增加的日本葡萄酒感興趣。我會巡迴逛著百貨公司地下街的酒類專櫃，或者如果有酒屋就會去看看。但是，單獨一人時很難品嚐多種不同的酒。這時，像是在車站等地擺放著各種地方酒的地方特產銷售店就讓人很開心。這種商店近年來越來越多，富山、水戶、長崎，甚至鹿兒島，各地區特產的燒酒版本都有。

例如，在富山車站前的綜合設施「MAROOT」的一樓有一個叫做「Baru De Mitomi」的日本酒體驗酒吧，一個人可以毫無顧忌地進去。裡面擺放著富山縣內各酒莊的酒。在這個像是漂亮咖啡廳的店內，可以來上一杯品嚐，也可以另外購買。

在水戶車站，綠色窗口[47]旁邊有家「茨城地酒酒吧」。擺放著茨城縣內各地酒莊的酒水。每杯酒的價格統一，都是一杯一硬幣，非常棒。你可以購買硬幣自行倒酒，因此可以輕鬆自在地享受。還有許多茨城的特色小菜可以搭配日本酒。這裡可以買到「新六」的奈良漬[48]，非常美味（特別是茄子！還有梅子、木瓜）。

我雖然不能喝很多，但我喜歡嘗試各種不同的酒類，所以很感激這樣的地方，可以在短時間內輕鬆品嚐。

將護身符當作紀念品，一直保護我

獨自旅行時，如果看到神社，我會去參拜，以表示對這次旅程的問候和感謝。如果看到當地神社獨特的護身符，覺得不錯，或是有特別的款式時，同時作為參拜的感謝禮物，我也會買來當紀念品。將它們掛在當時帶著的袋子提手上，或放在內袋中，讓它們繼續守護我的旅程。

回家後，我會繼續讓這些護身符留在手袋裡，成為我外出時的守護符。以前，我總是不知道該怎麼處理買來的護身符，只好把它們放在抽屜裡，但現在我找到了解決辦法。雖然有時會擔心在同一個地方使用不同宗派的護身符是否安全，但我相信在天空的另外一邊，大家應該都能和平相處，所以我不再擔心。當我再次使用長時間未使用的手袋，再見到裡面的護身符時，會讓我想起當時的情景……這也是一種樂趣。

在京都時，有山豬迎接的護王神社，拿到的是保護腰部足部的護身符。晴明神社的黑底配粉紅色桃子圖樣的「厄除護符」，鮮豔藍色的「勝利護符」和「進步護符」。這裡的護符上都有五芒星圖案設計，感覺很時尚。還有八坂庚申堂手指形狀的「指猿」護符，象徵著手部會像猿一樣靈活自如。香川的金刀比羅宮，「笑容元氣君護符」上有神職人員所繪的俏皮孩子圖案。金澤的石浦神社的各色圓點和方格護身符，會讓人想全色收集一套，以及繡著「SAFETYTRAVEL」（旅行安全）的護符（以前是火車形狀）感覺也很時髦。它們雖然都很小而輕巧，卻是令人記憶深刻，是很好的紀念品。

㊼綠色窗口：日本各ＪＲ鐵路公司的票務櫃檯統稱，主要的業務是銷售ＪＲ的各級車票。

㊽奈良漬：是日本奈良風味的醃菜，將酒糟混入冬瓜、黃瓜、西瓜、生薑等食材中，醃製年期由三年到十三年不等，年分越久遠的顏色越深，由淺咖啡續漸改變為深咖啡乃至深黑色，吃蒲燒鰻魚時佐以奈良漬有助於化解鰻魚的油膩感。（維基百科）

寫明信片

不管是在日本和海外，我都會寫明信片。一定會寄給我的另一半。即使住在同一個家裡也還是會寄，也經常寄給家人或朋友。

最近，寄信和收到信的機會都變少了。但是，收到貼上郵票的旅行明信片時，想到這張明信片背後的旅程與故事，會讓我稍感欣慰。而且，獨自一個人的時候，會突然強烈地想要寫明信片。

在國內旅行時，我會帶上郵票，有時也會去當地郵局。在海外，雖然旅館也會提供寄信服務，但我會盡量去買郵票。有時會在像小型售貨亭的店家購買郵票，有時也會去郵局。這整個過程都能概括在一張明信片上，並且最終成功送達。

事實上，即使和另一半一起旅行，我們也常常會寄明信片回東京兩人的家中。到目前為止，只有一次從葡萄牙寄出的明信片沒有送達。回想起來，這也許就是最好的紀念品。

結尾：想起來就開心的歡樂之旅

二〇二二年的某個早晨，在福岡機場，我跟著出境門前的長龍排隊，心裡不免有些緊張，來得及嗎？我手中緊握著新換發的護照，和借來的行李。目的地是事隔三年再度造訪的台灣。我匆匆趕上飛機的座位後，瞬間有種難以言喻的情感突然湧現，使我不由自主地露出微笑，如果有人從旁觀察，可能會覺得我笑得有些奇怪吧。

這次旅行我從福岡出發，前往台北，然後再轉往台灣最南端的屏東市，我將獨自一人前往。

仔細一想，第一天我幾乎整天都在交通工具上度過！

在早上八點前離開位於長崎的老家，搭乘新幹線和特急列車前往博多，然後轉乘地鐵到福岡機場。抵達台北後，要搭乘捷運移動，轉乘台灣高鐵，一直到左營（接近高雄）。然後再換乘台鐵的特快車前往屏東市。對於膽小的我來說，這幾乎是一次冒險。

平安抵達台北後，拿出了上次台灣旅行時帶回來的台北捷運悠遊卡（類似PASMO），三年後再次放入閘門機，順利通過，這讓我非常開心。購買了高鐵的車票，坐上和日本新幹線相似的座位，看著窗外的風景，不禁有些感動。

為了能夠選擇座位，我去窗口用筆談方式買了轉乘的特快車對號座，太厲害了！稱讚一下自己，然後在等待時間，雀躍地買了台鐵的招牌便當。上了特快車後，發現精心挑選的座位上有位老婆婆已經熟睡了，唉……

於是我坐到旁邊空著的座位，打開了便當。突然間意識到，大家都買了對號座嗎？四處看了一眼，覺得有些好笑，最終就這麼坐著，直到過了下午六點，抵達屏東車站。

我搖搖晃晃拖著行李箱，抵達預訂的火車站附近旅館。因為太過興奮，所以連行李都沒有整理，馬上就去了隔壁的夜市，緊張地在人潮最長的店面前排隊等候。

啊～那位正在注視著大鍋湯的女士，她大概和我差不多年紀吧。充滿活力的聲音，生氣勃勃的眼神，以及一雙長滿深深皺紋，屬於烹飪者的手。當我的手指著要點菜時，她微笑著將湯倒進碗裡，哇，好好吃啊。終於到台灣了！晚上七點，我一邊回味著這漫長的一天，一邊開心地笑了笑，終於喘了口氣。

果然，成年人的一個人之旅充滿了獨特的魅力。在旅途中，我會看著和自己同齡或是年長的人，意識到生活有著各種各樣的可能性，回到家後，我會覺得自己待人接物更加溫柔了。不像年輕時那樣，想著在這裡生活會不會改變我的人生？或是能從中學到什麼？現在我沒有這樣的想法。但是，對我來說，這段旅程獲得了某種無法替代的寶物。

我花了大約一年的時間寫這本書，一邊自問著，我能用言語表達這種喜悅、樂趣和美好嗎？

數年前，在某雜誌的網路連載中，我寫了〈從五十歲開始的獨自旅行真是太好了！〉。看到這篇文章後，大和書房的八木麻里小姐找到我，提議將這些旅行經歷整理成一本書。我感到非常驚訝和高興。能夠完成這本書完全要歸功於八木小姐。

感謝我的另一半，與我共同走過人生旅程，並全力支持妻子寫這本關於獨自旅行的故事。兩人一起旅行也很有趣啦。

如果本書能夠讓大家產生「我也想試試獨自去旅行」的想法，那就是最令我開心的事了。希望大家能夠享受到不經意間回味起來，都會笑出來的愉快一人之旅。

跨世代共鳴：我也可以試試一個人去旅行！

（按來稿順序）

期待無畏懼的出發

這常常在IG、FB看到各方推薦好玩好吃的地方，讓我心生嚮往，但孩子都已青少年，假日多半補習、打工。身為中年婦女交友斷層，旅伴難尋，於是萌生一個人旅行的念頭。剛好在此契機，看到大田出版的《終於一個人去旅行》，覺得這不正是我想要的嗎！

收到試讀本就迫不及待下載點閱，作者第一句「當我五十歲」不就是我將要面臨的嗎？她之後說的這年紀要「盡可能地保持快樂，一個人旅行能夠存下大量心情愉快的回憶」更讓我心有戚戚。

作者提供用 Google Map 收集想去地方的清單，我也著手整理之前收藏想去的地點，如果剛好到了地圖上附近的點，就會跳出提醒，這點真的很實用。

我想一個人旅行需要克服的是害怕，害怕一個人搭車、找路，一個人吃飯、一個人住宿等等……尤其難免會擔心他人的眼光，但如作者說的，實際上根本沒有人會注意到自己，就是自我意識過剩，「只要鼓起勇氣出發，不用的迴路就會連接起來，在這過程會不知不覺變得快樂起來。」一個人旅行不用和人商量，迎合他人的喜好，也不用壓抑自己，更可以一個人自在地漫步，我也期待「一個人的旅行」帶給我的觸發，讓我能夠無畏懼地出發。

小藍／48歲／金融業

成為勇敢的獨行者

一看到這本書的書名就馬上被吸引了目光。我小時候是一個有點怕生、害羞、被保護得很好的小孩，到高中的時候還不敢自己去飲料店買飲料，後來上了大學，搬進了宿舍，脫離家人的羽翼後，終於學著獨立生活。但對我來說，自己一個人在外面吃飯仍然是一大挑戰，總覺得其他人會認為我很孤單。

「總擔心別人會覺得我很可憐，但實際上，根本沒人會注意到自己，我就是自我意識過剩。」這是書中我非常喜歡的一段話。這本書透過作者獨自旅遊的經驗，告訴讀者們一個人旅行的好處，雖然會緊張不安，但更多的是興奮期待，不需要在乎別人的眼光，放心地徜徉在作者親切的文字中，無論是什麼年齡、性別、國籍，相信看完這本書後，都能獲得獨自旅行的勇氣。

Cathy／26歲／公務員

重新認識自己的方式

長大的過程中也許並不是那麼快樂，我該如何保有好心情，如何找到退休老年的樂趣呢？

在這麼多向外向內的探索後，硬要找出一

個答案太複雜也無解！讓自己的心中有一本快樂存款簿——盡可能存取更多快樂基金！

當初決心要一個人去旅行時是什麼樣的心情呢？卻步的原因是自我意識過剩了嗎？自己好不容易跨出第一步，鼓起勇氣開始了一個人的旅行！所有好的壞的經驗，自在享受的幸福感及獨自解決的成就感等等，這就是成長空間最大的時候吧！作者分享許多旅行小訣竅跟拉近與當地人關係的經驗，越看越躍躍欲試啊！

出外旅行是家庭關係的調味劑之一，也是重新認識自我的一種方式。帶著勇氣走出去看看世界的時候，整個人就都不一樣了！

玟君／27歲／服務業

在充滿不確定的旅途中寄存獨特的回憶

作者單刀直入，點出為何要一個人去旅行，就是為了「儲存好心情、寄存快樂」。而原因就是不可逆的年齡所帶來的衝擊。我對作者所說的年齡困擾感同身受，雖然還未到那歲數，但已深深感到年紀所帶來的些許不便……

山脇璃珂細微地描述如何準備一個人旅行，彷彿在閱讀的我也一同參與了她的規劃。試讀本書中，最喜歡的是作者去甲府參拜阿姨那段，很感人，把她為何喜歡烹飪至出書，以及為了探望阿姨而鼓起勇氣踏上一個人的旅程刻劃至深。

作者用她的方式，極力想告知讀者們，一個人旅行雖然充滿不確定性，也因為年齡的關係而帶來一點阻礙，但只要願意跨出舒適圈，終會在旅行中找到獨特的回憶及快樂！

風詠芸／33歲／科技公司行政人員

大步走出去，才能感受

書中前言說「隨著年齡的增長，我們更容易變得不快樂」這句讓我很有同感，因為年紀越長越需要承擔生活家計的責任，和父母健康欠安的照護而感到束縛，已經無法和朋友來個說走就走的旅程。

學習試著一個人去餐廳吃飯，一個人看展覽，一個人看演唱會，剛開始會感到不自在，像是書中說的「自我意識過剩」。其實不用在意別人的眼光，習慣了就能好好享受一個人的心靈平靜，也不用遷就朋友的感受，想去哪就去哪。

不過，我還沒嘗試過一個人旅行呢！看了作者一個人旅行的種種感受才發現原來不是件容易的事情。國內旅遊通常是安全的，一個人能自由放鬆，但在國外旅遊真的「安全感感知器要調到最強」，這句話好貼切，在陌生的國度可能會面臨文化差異、語言不通或是安全問題，事前要做功課外也需要勇氣才能下定決心出發。

現在因為身上責任未了還無法實踐一個人旅行，想說可以先執行第一步，就是書中提到的「收集一個想去的地方清單」，把在社群媒體所介紹想去的景點和美食收集起來，設定短程的目標，先開始一日遊再慢慢加上旅遊天數，一點一滴去完成，這樣串連起來都是美好的回憶，儲存讓自己開心的禮物。

作者的鼓勵讓我燃起了希望，不能再受困於自己的框架裡，要大步走出去才能感受外面的一切，提升自信心，一個人旅行我也可以！

柯柯／40歲／兼差的上班族

擺脫紙上談兵，創造第一次的勇氣

讀著山脇璃珂講述五十歲開始規劃自己的國外旅行，儘管只是離日本最近的台灣，她也有一套自己的規劃方式。想著自己也才快三十歲，即將離開青年壯遊的年紀，自己對於國外獨旅總怕永遠的紙上談兵，當大家在描繪著自由行的規劃，那時的自己只能想辦法改善經濟現況；當步入經濟穩定之時，望著過去，雖錯過了青春的國外壯遊，在書中能看到作者所說，歷經人生百態，有著較為成熟的規劃。對於國外獨旅，雖然還是新手，看到作者的規劃與實踐，也許旅行之地無特別之處，但對於自己首次獨旅，或許，這本書是帶給我創造所謂第一次的勇氣！

Tien／29歲／上班族

在還能走動的年紀跨出第一步

何時是最佳的旅行時刻，我想應該就是現在。作者從以前結伴成行，到現在五字頭的年紀，一人旅行，在這知命之年的年紀，沒有旅伴，所有旅行事項，交通、住宿、旅行地等等，都親自體驗。這也讓自己的眼睛、肌肉、大腦，直接一對一，完全地感受周邊的人事物，雖然沒有旅伴可以聊天討論，但可以無拘無束到處走走停停，在自己喜愛的環境多停留，吃著自己想吃的食物。

我在想我能否像作者一樣，踏出這一步，因為旅行的第一步，不是金錢、不是旅伴，而是敢踏出第一步的勇氣，但願我能在還走得動的年紀找到它，在此先從作者的文字中，體驗一個人旅行。

儒賢／37歲／工廠作業員

培養超越恐懼的能力

作者五十歲的時候，開始一個人旅行，覺得現在就是一個人旅行的最佳年齡，並且開始行動。作者也透過自己的故事，重新審視生活，找到讓自己真正快樂的事物。

今年三十四歲的我，去了許多國家旅行：澳洲、中國、荷蘭、德國、瑞士、法國、義大利、梵蒂岡，但都不是自己去旅行的，因為語言不通，勇氣不足，但在看了這本書後，內心渴望突破自我，想嘗試獨旅的我似乎又回來了！

一個人去旅行一直以來是我的夢想，雖然也曾有自己旅行的經驗，但僅限國內，並且是很久之前了，當然這過程也很需要勇氣和決心！

這本書給了我勇氣，讓我感受到了獨自旅行的魅力和意義。每次旅行回來後，事後發現最美好的回憶通常是未知的事物帶來的美好，這也是讓人一開始最懼怕的。

作者告訴我們，只要做好規劃，每天都能有一百二十分的充實。相信我們也可以，不要害怕，做好準備，開始行動就對了。如果願意去試試，就能超越恐懼，培養出新的能力。

蔡蔡子／34歲／公部門職員

帶著勇敢的心，在探險裡找回自己

看到《終於一個人去旅行》這本書時，竟然與日前加入的社團不謀而合，社團裡大家分享著獨遊的樂趣，當然也有人羨慕著，就是無法踏出第一步，一個人旅行的勇氣，不見得人人都有。

作者提到當人生跨越五十歲時，生命會逐漸走下坡，對人生的感觸喜好，也會開始產生變化。我們無法抗拒老化，改變不了歲月的痕跡，但我們可以重新選擇，怎樣再為自己活一次，過想要的生活，去嘗試許多不同的第一次，讓餘生依舊能綻放光芒，而不是日復一日地老去。

一個人的旅行，不一定要飛往何處，而是要帶著一顆勇敢的心，在探險裡找回自己。怎樣才是生活？是一杯咖啡一份恬淡，或是一場煙火一瞬衝擊，在忙碌的人群裡，我們有多久不曾跟自己對話，心靈最深的渴望，心裡最深的呼喚，我們還記得那個最初的自己嗎？那時的你有什麼夢想，想做怎樣的事，卻被不夠勇敢的自己踩了煞車呢？

黃藍芬／53歲／會計

不論幾歲，都是最適合一個人旅行的年紀

自從結婚生了小孩，就再也沒享受過一個人的旅行了。看了這本書，又想起過去「獨旅」的美好時光，享受一個人的「Me Time」以及和自己對話的時間。

一個人的旅行真的很棒，想去哪就去哪，走累了就休息，不用一直聊天說話，可以把全部的身心靈用來感受眼前的一切。慢慢品嚐當地的食物，看看人文風土。重要的是，逛自己喜歡的商店。

書中提到五十歲是最適合一個人旅行的年紀？我認為應該每個年紀都很適合，隨著經歷過的人事物，感受都不同。在不同的年紀，經歷同樣事物，產生的感覺都不同，很有趣。

而旅行的五大原則真的是本書的精華重點，想初旅的人，務必寫在自己的記事本。在「獨旅」中「安全」才是完美這一切的重點！而調整自己的心態，例如：掉了錢包、下雨……都是「獨旅」時，一個人會面臨的事，正面接受這一切，相信在這趟旅途中，能更有體會！

Peggy／48歲／上班族

美麗田 178

終於一個人去旅行：
儲存好心情，帶自己看看這個世界

作　　者｜山脇璃珂
譯　　者｜陳孟姝
出 版 者｜大田出版有限公司
台北市一〇四四五 中山北路二段二十六巷二號二樓
E-mail｜titan@morningstar.com.tw http://www.titan3.com.tw
編輯部專線｜（02）2562-1383 傳真：（02）2581-8761
總 編 輯｜莊培園
副總編輯｜蔡鳳儀
行銷編輯｜張筠和
行政編輯｜鄭鈺澐
助理編輯｜林潔映
校　　對｜陳孟姝／黃薇霓
內頁美術｜陳柔含
初　　刷｜二〇二四年八月一日 定價：三九九元
網路書店｜http://www.morningstar.com.tw（晨星網路書店）
TEL：（04）23595819 FAX：（04）23595493
購書 Email｜service@morningstar.com.tw
郵政劃撥｜15060393（知己圖書股份有限公司）
印　　刷｜上好印刷股份有限公司
國際書碼｜978-986-179-894-3 CIP：719/113007436

填回函雙重禮
①立即送購書優惠券
②抽獎小禮物

國家圖書館出版品預行編目資料

終於一個人去旅行／山脇璃珂著；陳孟姝譯．
——初版——台北市：大田，2024.8
面；公分．—（美麗田；178）

ISBN 978-986-179-894-3（平裝）

719　　113007436